歳とともに歩んで

文沢隆一

溪水社

『歳とともに歩んで』刊行によせて

岩崎清一郎

『安藝文学』が四号を重ねた頃、ある同人が知人を伴って集会に参加した。紹介されたのは、小冊子の作品を読んで参加の意をかためたという、文沢隆一だった。一九五八年（昭和三十三年）五月に創刊号を出して三、四年後のことである。

この新たな同人を迎えて毎月の同人会はにわかに活気づき、「会報」紙上で、一年近く、〝私小説論争〟を交わしたこともある。実作者の立場から生活と文学への関わりかたを問い、その応酬から自己確認の契機を得、また相互批評におけるお互いの位相を明らかにした。

論争のさなかに文沢隆一の「重い車」が第六回群像新人文学賞に当選、という朗報があった。（『群像』一九六三年（昭和三十八年）五月号／選者　伊藤整・大岡昇平・中村光夫・平野謙）

「重い車」は、〝原爆スラム〟にすむ老人と少年の孤独な暮らしぶりを描いた、きわめて技巧的な小説だった。当時の文芸時評では、文学的実験への意欲を認めるのと、技巧的な文体自体に疑義を呈する発言に割れた。とはいえ、これまでの「ヒロシマ」をモチーフにした作品の直接的な、あるいは自然主義的な発想から間接的な表現へ新たな方途を拓いた意義は否めなかった。いずれにせよ、「重い車」は作者の前途に重大な転機をもたらすことになる。

超党派の国民的運動に始まった原水禁運動が対立を醸し、党派別の系列的団体の運動に変容するのは、一九六三年（昭和三十八年）年夏のことである。後年、分裂の修復が計られながらも、恢復の糸口は得られず、混迷と憂慮の懸念が拡がるなか、山代巴（注1）による「広島研究の会」がつくられ、文沢隆一はメンバーの一員に加わった。グループ研究は超党派のスタンスに立ち、被爆後二〇年の歴史検証を意図し、とりわけ被爆者のマイノリティ的存在に対する関心を呼び覚ます指針を定めていた。

（八名のメンバーはそれぞれルポルタージュの分担を決めた。山代巴のまえがきを付し、『この世界の片隅で』（「岩波新書・昭和四十年三月初版刊」）との標題で刊行される。）

文沢隆一は、〝原爆スラム〟（相生通り）を担当した。密集家屋のひしめく川岸の一部屋を借りて住み、周辺一帯の隣人たちに面接、取材を重ねた。

同人会には出席した。二次会はかれの新発見に関わる話題の披露で持ちきりの有様であった。同人たちはだれひとり、通称〝原爆スラム〟の家並み、路地に立ち入ったものはいなかったし、井戸水が塩辛いことや便所の不自由な設備など知る由もない珍事であったからだ。そんな仮住まいをしてまで、と揶揄まじりの感嘆符を呈する向きもあった。

実際、「重い車」は〝原爆スラム〟とは無関係の発想に根ざしており、技巧の方法論が問われるのは必至であった。酷評を招いた。ある週刊誌は、受賞作には触れず、最終候補に残った正田昭「サハラの水」をトピックにした。なぜなら、「バー・メッカ殺人事件」の主犯、死刑囚が獄中で書いた作品だったからである。(注2)

短期間ながら相生通りに身を置いた文沢隆一の実体験は、フィクションの世界から否応なく過酷な現実世界への覚醒を促す。ルポルタージュ「相生通り」は、被爆者のマイノリティ的存在の実相探索と救援の実践行動へ踏み出す起点となった。

(山代巴編『この世界の片隅で』(昭和四十年七月刊/岩波新書)は、「相生通り」のほか、七篇のルポルタージュを収録、今年(平成二十九年)三月、「アンコール復刊」の一冊として七刷を重ねた。)

この一冊が提起したテーマのひとつに〝胎内被爆&原爆小頭症〟の問題があった。被爆が起因と認定された後傷害に対する手当の施行は始まっていたが、胎内被爆による後遺症の存在は認知されていなかった。各地に散在の胎内被爆児を調査、その住まいを訪れる作業を始め、逼迫の現状を知り、「小頭症」を原爆後遺症の一項に認定するよう，国側に対する陳情、折衝を続ける傍ら、家族の連帯をはかる団体――〝きのこ会〟結成を図った。文沢隆一はそれらの主導役を担い、長期にわたる諸々の実践に従った。

「重い車」の作者は、フィクショナルの分野から遠く離れた。

文沢隆一は、〝きのこ会〟の集いを通して「原爆」、「被爆」に対する認識を新たにし、独自の考察と科学的知見をふかめる。

ところで、ここに集大成されたすべての文章は、一般的な学術論文ではないことを予めことわっておく必要があるだろう。引用と祖述の腑分けに疑問符をまねく部分が皆無とは云えない節は残っている。が、それらはレクチュア癖のなせるわざであり、こだわりや虚飾を厭う自由な発想にありがちな瑕疵とみなすほうが本意に沿うであろう。

現実世界は、かくも「ヒロシマ」の実相を開示したのである。

二〇一七年（平成二十九年）八月

（「安藝文学」編集／発行人）

（注1）
山代巴＝（一九一二～二〇〇四）
『荷車の歌』一九五六年　筑摩・角川版
『囚われの女たち』全10巻　一九八〇～一九八六　径書房
『山代巴文庫』第一期10巻　第二期10巻　径書房
〇三次市　三良坂平和美術館に山代巴記念室あり

（注2）
正田昭＝（一九二九～一九六九）
銀座の〝バー・メッカ殺人事件〟（一九五三年七月二十七日）金銭強奪、殺人犯。高学歴の犯行として世評を呼んだ。「サハラの水」は獄中から応募。加賀乙彦『宣告』のモデル。死刑執行40歳の時。

目　次

『歳とともに歩んで』刊行によせて……岩崎清一郎　i

その一『日本語の空間』おぼえ書き　1

はじめに……3
一　人類種の転換……4
二　原人の拡散……10
三「アフリカのイブ」……14
四　渡来した日本人……16
五　縄文人と弥生人……21
六　邪馬台国と大和朝廷……27

その二『日本語の空間』おぼえ書き　2

一　日本語の源流……34

二　語彙《ごい》の伝来……39
三　比較言語学の手法……42
四　神話の話……44
五　日本語の構成……64

その三　原爆に関するおぼえ書き　1

一　福島第一原発の破滅によって知りえたこと……70
二　エネルギーの発生と原理……77
三　広島投下の原爆について……82
四　核分裂と電磁波……91
五　ヒロシマの電磁波……98
六　被災についての再考……101
七　被爆者への影響……106
八　放射能について……119

その四　原爆に関するおぼえ書き　2……135

その五『日本語の空間』おぼえ書き　3
一　日本人の精神的改変……176
二　民主主義社会につながる具体的な契機……189
三　日本の伝統的な風習「神社神道」……207
四　明治維新から……218

その六『日本語の空間』おぼえ書き　4
一　「ヒロシマ」思い出の記……225
二　日本本土爆撃の概要と敗戦へのあゆみ……231
三　被爆前の消防署態勢について……237
四　「原爆広島消防史」の体験記……241
五　まぼろしの世界……256

付記……258
参考文献……259

歳とともに歩んで

その一　『日本語の空間』おぼえ書き　1

はじめに

一九〇〇年から二〇〇九年十月二十七日、「日本語の空間」の最後の一行を書きおえるまで、ほぼ一〇年間を要したわけだが、それは日本の歴史を知るということではなくて、わたし自身の精神の原点を知るためであった。そしてそれは江戸時代末期までで打ち切ってしまった。なぜなら、私の日本語は明治以後のヨーロッパ化された言語によって形成されていることがわかったからである。それはむろん言語にかかわらず、生活から習慣、そして精神や思考などがすべて外来文化に由来していた。それなら日本人の古来の精神文化をたどる必要はないではないかということになる。たしかに、わたしが一九〇〇年までにたどってきた、わたしの精神的文学経路はヨーロッパの文学そのものであった。それなのになぜ、日本人の源流をたどろうという気になったのだろうか。

なぜかというと、当時の欧米から学んだ異質の文化（文化にかぎらず、生活から物質文明にいたるまで）を、わたしの心に無意識のうちに融和させていたのは、当然ながら日本の伝統文化を身につけていたからだということに気付いたからである。むろん充分というわけではないが、わたしたちの家庭生活から近隣相互の礼儀作法にいたるまで、日本文化のながい伝統を継承してできあがったものであった。しぜんわたしも、それらを身につけていたわけだが、その根源がどこからきているかを明確に自覚することはなかった。そうしたあいまいな思考にもとづく言語で、思想をかたることにいささか忸怩《じくじ》たるおもいをいだくようになり、およばずながら、日本人の源流をたどってみようという気になったわけである。

一　人類種の転換

ところで、最初にまずわたしをおどろかせたのは、わたしがはるばるアフリカから日本列島にたどりついたということである。そんなことは想像でさえおもいおよばなかった。それはまた、わたしにかぎらず、現世界の人類がすべて同一のアフリカの新人から派生しているということでもあった。もっとも、それが明らかになったのは二〇世紀の後半になって、ＤＮＡ（遺伝子）の解明が可能となり、わたしたちの体を構成する細胞の設計図が明らかになったからである。いわばまだ半世紀にもみたない学説だが、新たな科学的な認識にもとづく学説は、従来の人間の歴史を書きかえるまでにいたったといえるのではないだろうか（『モンゴロイドの地球』巻一・巻三、東京大学出版会）。

現在、世界の各地にはさまざまな人種や民族が存在し、外見も生活様式もそれぞれ異なっているが、そのミトコンドリアＤＮＡ遺伝子をたどっていけば、二〇万年前のアフリカの一女性から出発しているということになるらしい。なんとも奇妙なことだが、人類の細胞質にあるミトコンドリアＤＮＡの多型を調べていくと、すべての人種が共通のミトコンドリアをもっていることがわかったからである。わたしの細胞もアフリカの一女性のミトコンドリア遺伝子を受けついでいるということになる。

ミトコンドリアとはいったいなんなのだろうか。一言でいうと、卵子の核をとりまく卵細胞の遺伝子のことである。人間の誕生は卵子の核と精子が結合することによって、細胞分裂がはじまり、生体として成長する。それが何百万年にもわたって継続し、現代にいたったわけだが、その結合の組み合わせによって、多様な民族が生まれたのである。ところが、卵子の核をとりまく卵細胞のミトコンドリアは精子と結合せずに、自己増殖をかさねて成長する。したがって、ミトコンドリアは純粋に母体から母体へと遺伝的に継承されているために、祖先をたどることができるということになる。

もっとも、それは二〇世紀の後半から発達した分子進化学と人類遺伝学によって証明されたことである。人類の歴史のうえでは、およそ五〇〇万年まえから、チンパンジーから分離して二足歩行の猿人として出発し、二五〇万年たってようやく原人という種族となり、さらに二〇〇万年の進化をへて、採集民族集団というあらたな古代人として成長し、やがて二〇万年まえに現代人の祖として分類されることになったのである。

最初に、古代人（旧人）と現代人（新人）とを分別したのはヨーロッパにおいてである。一八五六年、ドイツのネアンデルタール渓谷から、二〇万年まえの化石人骨が発見され、ついで一八六八年にフランスのクロマニヨン断崖から三万五〇〇〇年まえの化石人骨が発見された。ところが、この二つの人骨はまったく相違したものであった。クロマニヨンから出土した人骨は現代人に類似した華奢な体型であり、われわれの直接の祖先ということだが、ネアンデルタール渓谷の人骨には数十万年にわたる原人の頑丈な残存がみられた。そこで互いにちがう人種として、クロマニヨン人を新人となづけ、ネアンデルタール人を旧人とよぶことになった。クロマニヨン人にはネアンデルタール人の遺伝的形質がまったく見られなかった。ということは、ネアンデルタール人が進化してクロマニヨン人となったのではなく、両者はまったく別な祖先をもつのではないかとかんがえられるようになった。だが、なぜそうなのかということは、二〇世紀後半までわからなかった。両者は、発見場所もそれほどへだたってはいないし、五万年まえには同時代の生存も確認されている。とうぜん、混血した遺伝人種が存在するものとかんがえられたが、旧人は絶滅して、現代人につながる遺伝分子は発見されなかった。けっきょく、何百万年とつづいた人種（ホモ・サピエンス）はネアンデルタール人でとだえ、現代の新しい人種が誕生したということになる。だが、それにしてもなぜそういうことになったのか。いまひとつその原因は不明のままであった。ただ、一九八九年アメリカのアラン・ウイルソンとベッカ・カンの分子進化学と人類遺伝学とによって、「イブ仮説」が発表され、両者はまったく違った進化をたどったことが明らかになった。

人類の歴史のうえでは、過去にも一度こうした進化をたどったことがある。それは一六〇万年〜一三〇万年まえのことだが、アフリカの大地溝帯をでて、ユーラシア大陸にわたり、西アジア中東の死海地溝帯（現・ヨルダン地区）から、世界中に四散したアフリカのホモ・エレクトスが世界各地の原人となったのではないかと想定されている。たとえば、インドネシアのサンギラン遺跡で発見された化石は一〇〇万年まえのもので、ユーラシア大陸ではもっとも古い原人ということである。ところが、サンギラン化石人の原点をたどると、アフリカの大地溝帯から出発した新種の原人が、中東の死海地溝帯にまで進出して滞留し、そこからさらにイランやインド大陸を横断して東南アジアのインドネシアへ到達したということである。ほぼ六〇万年〜三〇万年の長大で苛酷な旅であった。にもかかわらず、それからさらに五〇万年かけて、中国大陸を北上し、北緯四〇度の寒帯をこえて北京原人となったのではないかという説が、いまのところもっとも有力な仮説である。

いずれにしても、人類の原点は東アフリカ大陸以外には発見されていない。それがふたたび二〇万年まえに、アウト・オブ・アフリカ（アフリカ地溝帯から脱出）というあらたな進出をこころみ、新人類が出現して現代の世界を構成しているというわけである。ここまで、いっきに現代人の出現にたどりついたが、いましばらく人類の歴史について復習（『日本語の空間』による）してみることにしよう。

五〇〇万年まえに人類は誕生したということになっている。もっとも確固とした証拠があるわけではないが、地球の歴史からすればわずか一〇分まえということである。

その原点がみつかったのは一九九二年のことである。エチオピアのアワシュー川の上流にあるアラミス遺跡で、ほぼ四四〇万年まえに生存していた人類化石が発見された。現在、もっとも古い人類化石で、その形体はかぎりなく類人猿に近いということである。身長は一メートルあまりで、上体は類人猿の骨格だが、ヒト種といえるのは下肢骨から二足歩行していたことが判明したことである。そのヒト種は「アウストラロピテックス・ラミダス」と命名された。ラミダスとは現地語でルーツという意味である。

ところで、人類はチンパンジーから分離進化したということになっているが、それはかならずしも正しくない。たしかにラミダスにも頭蓋、歯牙、四肢骨に類人猿的な特徴がみられるが、それは樹上生活に適応するためであった。しかしチンパンジーと違うところは、樹上生活と同時に、二足歩行によってより広範な草食生活という活動を維持することができるようになった。それが人類進化の発展につながったものと考えられる。その点、チンパンジーの亜種ということになるが……。

ところが、これまでは種の分類は外見状の特徴によってきめられていたが、進化遺伝学の発達によって、最近はＤＮＡ（デオキシリボ核酸）の分析による塩基配列のちがいによって決定されるようになった。その配列が五％以上になると別種類の生物と判断されている。しかし、ヒトとチンパンジーとのＤＮＡ塩基配列はわずか一％しかちがわないということである（『Ｎｅｗｔｏｎ』二〇一〇年十月号による）。では、ヒトはチンパンジーの亜種かというと、その進化の歴史からみて、あきらかに別の種であるといえるだろう。これまで進化論によって、ヒトは類人猿から分化したものと考えられていた。だが、チンパンジーは何百万年たってもチンパンジー種であり、ヒトとはなりえない。またその混血種も生じえない。ＤＮＡ塩基配列のちがいは、種の進化に必要な核（卵子と精子）の融合が不可能だからである。

　ヒト種は一〇〇万年かけてゆっくりと進化し、アファレンシスとなり、約三〇〇万年まえに二つの系列にわかれた。そして強力な咀嚼力《そしやくりよく》と頑丈な体力をもつエチオピクスは絶滅し、歯牙や筋肉の発達のおとるアフリカヌスが生き残り、それがホモ・ハビリス（直立猿人）となった。奇妙なことだが、劣った体力をおぎなうために道具を使用することをおぼえ、それが知能の発達をうながしたということである。しかし、肉食獣や草食獣との生存競争ははげしく、道具の使用によって地上生活の適応には成功したが、ホモ・エレクトス（原人）となるためにはさらに五〇万年から一〇〇万年の歳月を要した。

その具体的なうらづけとなったのは、ケニヤ北部のツルカナ湖のほとり、ナリオコトメ遺跡で発見された人骨化石である。身長一六〇センチメートルの少年で、形態学的に原人と認められるものであった。発見された地層の年代から、一六〇万年まえのものと同定されている（『モンゴロイドの地球』巻一による）。

二　原人の拡散

ヒト種の発生は東アフリカの大地溝帯以外では発見されていない。またチンパンジーの亜種であることも今までみてきたとおりである。それがユーラシア大陸に拡散し、地球上に蔓延《まんえん》したのは、いつごろ、いかなる経緯をたどったのであろうか。

地球の生物で、生誕地から移住して生育の場を他の地域にもとめて定住するものはほとんどいない。オランウータンはジャワ島で、チンパンジーやゴリラは東アフリカの地溝帯で何百万年と生息し、現在もそのままの姿をのこしている。それは動物にかぎらず、渡り鳥にしても魚類にしても、その生誕と生育のコースは現在でもほぼ一定して何百万年と変わることはない。

ところがヒト種は、二〇〇万年も生誕の地で成育したにもかかわらず、ある時期とつぜんアウト・オブ・アフリカ（脱アフリカ）を決行し、ユーラシア大陸へと進出していった。そして現在、六八億人ものヒト種が地球上に生息するということになった。

この壮大なヒト種の歩みをたどってみることにしよう。

アウト・オブ・アフリカの年代は一五〇万年～一三〇万年まえくらいのあいだではないかと推定されている。その根拠は、一九六〇年、「死海地溝帯」（現在のヨルダン・エルサレム・シリア地方）という西アジアの帯状の凹地で、ガリレー湖の湖岸のウベイディアという遺跡が発掘されたことである。そこから、脱アフリカの原人たちが使っていたとみられる石器が見つかった。その石器はアフリカ地溝帯で使用されていたものと類似している。ただ、化石人骨は発見されていないが、かれらが生活していた周辺に散乱する動物化石は、やはりアフリカ地溝帯の動物とおなじ特徴をそなえているということである。

ともかく遺跡の年代は、古地磁気学の検討によると、一四〇万年まえのものということである。この地から、ヒト種はユーラシア大陸の各地へと移住し、拡散していったようである。

それにしても、なぜかれらはアフリカ地溝帯から脱出したのであろうか。考えられることは、サバンナの食料では生活できないほどヒト種の人口が増加したからではないだろうか。ホモ・エレクトスは知能の発達と石器の使用によって、他の動物たちよりも優位の立場にたち、ヒト種がサバンナの種族を支配したからともかんがえられる。あるいは、それとはまったくちがって、単にヒト種の先進的な能力によってアフリカ地溝帯をでたのかもしれない。その先進的な素質は現代にもうけつがれ、宇宙にまで進出するようになった。ともかく一四〇万年まえ、ホモ・エレクトス（原人）は死海地溝帯からユーラシア大陸を東にすすみ、東南アジアに進出し、多数の足跡をのこしている。

アジアでもっとも古い遺跡はジャワのサンギラン遺跡で、約一〇〇万年まえの化石人骨が発見されている。もっとも、アジアで最初に発見されたヒト種は、一八八七年ジャワ島のトリニール遺跡の原人で、五〇万年まえのものである。やがて東南アジアのある種の原人たちは熱帯雨林のゆたかな植物資源をすてて、中国大陸を北上し、寒冷な北緯四〇度の周口店に足跡をのこしている。北京原人の遺跡で、ほぼ五〇万年まえの化石人骨が発掘された。そこにいたるまでに、中国の南部雲南省に元謀《げんぼう》原人（八〇万年前）、中部陝西省で藍田《らんでん》原人（六〇万年前）というように、時代とともに北上している。この先進的な移動は、人口過剰によるものではなく、ヒト種に潜在的に内在する先進的な冒険性によるものではないかとかんがえられる。

だが、温暖な地から北上するためには、何万年もかけて順応体質を養成する必要があった。三〇〇万年にわたってアフリカの地溝帯で成育した体質は、容易に改変できるものではない。ほとんどの生物がその成育環境に順応して生存していることからすれば、ヒト種のこの特異性は画期的であり、それがまた地球にまんえんした原動力でもあった。

北緯四〇度の周口店で発掘された北京原人から、さらに北上して、中国の遼寧省で金牛山人《きんぎゅうさんじん》（二〇万年前）が発見されている。北緯四二度のアジア大陸東方で、耐寒のためにさらに三〇万年を要したことになる。もっともこれは、化石人骨が発見された年代によるものであって、北上したヒト種はもっと早く、東北アジア大陸（満州）に進出していたかもしれない。しかしいずれにしても、この時期、日本列島にまで移住して、わたしたちの祖先となったとはかんがえられない。日本列島にかぎらず、アジア大陸に移住し、生存の足跡をのこしたホモ・エレクトス（原人）は現在のわれわれの直接の祖先なのであろうか。答えはNO？（今のところ実証されていない）である。

なぜなら、ヨーロッパの事例によると、ネアンデルタール人（古代人）が絶滅してクロマニヨン人が現代人となっている。もっともこれは、DNAの開発によって、最近二〇〇三年に確定したことだが、アジアでは古代人が進化して現代人にうけつがれたという従来の進化論が有力である。たとえば、医学者のターナーは古代人の歯の歯列がスンダドント（南方型）であることから、かれらが北東アジアに移住して現代モンゴロイドとなったと主張している。しかし現在では、ミトコンドリアDNAの塩基配列がヨーロッパもアジアも共通であり、世界中の人種が同一のミトコンドリアDNAを共有していることから、古代人が現代人に進化したというこの説は否定されている。最近のこうした科学的な根拠によると、新人のアフリカ起源説（単一地域進化論）をくつがえすことは、いまのところ不可能である。

三 「アフリカのイブ」

イブはむろんキリスト教の聖母である。それを援用して、全人類の祖は二〇万年前のアフリカの一女性イブが起源であるというわけである。二〇〇三年、アメリカの人類学者たちによって「イブ仮説」が学会に発表され、人々をおどろかせた。その原理は、ミトコンドリアDNAの塩基配列の変異数を分析し、すべての現代人は一四万年～二九万年前のアフリカの女性を起源とするというものである。変異がおこるスピードの算出が可能なので、過去にさかのぼって生物種の分岐年代の推測に使ったということである。

そのイブの子孫が、一〇万年後に第二のアウト・オブ・アフリカをはたして、世界中にひろがったわけである。最初のアウト・オブ・アフリカとおなじように、スエズ地峡からユーラシア大陸にすすみ、死海地溝帯に定着している。そしてガリレー湖岸のウベイデイア遺跡から四〇キロ西のカフゼー洞窟にかれらの化石人骨と石核石器や剥片《はくへん》石器が多数発見された。その地からヨーロッパにひろがった人種がコーカソイド（白人種）であり、アジアおよび南北アメリカにひろがった人種がモンゴロイド（黄色人種）となったというわけである。そのひとつが日本人である。

なんともふしぎなことだが、分子進化学と人類遺伝学によって、今世紀になって急速に検証されはじめた学説である。むろん、さまざまな疑問点があるが、そのなかでも最大の疑問は、かつての古代人（旧人）が進化して現代人（新人）となったのか、それとも絶滅してイブの子孫と入れかわったのか、いまひとつ明確な確証がえられない。

ヨーロッパの場合、一九九七年ドイツの研究チームがネアンデルタール人の化石（三万年前）からちょくせつミトコンドリアDNAを抽出し、四〇〇あまりの塩基配列を決定したことによって、現代人とのちがいを証明している。通常、現代人のミトコンドリアDNAの塩基配列は平均八個のちがいにすぎないが、ネアンデルタール人は現代人の三倍の二四個であった。この相違をさかのぼってたどっていくと、ほぼ六〇万年まえに両者は分岐していたのではないかと推定されている（『日本人の起源』中橋孝博による）。

アジアの場合、古代人の人骨からミトコンドリアDNAを抽出した記録がまだないので、モンゴロイドが古代人からの進化か、それともアフリカから渡来した新人なのかを決定する証拠はない。だが、ヨーロッパの例からみて、旧人が絶滅して新人から現代人が誕生していることからして、モンゴロイドもまた新人であることはほぼ間違いないだろう。DNAの塩基配列のちがいは、交雑しても混血児が生まれることはないということから、旧人と新人とは明確に断絶することになる。

ところで一〇万年まえ、モンゴロイドは西アジアの死海地溝帯から東にすすんで、イラク・イランをぬけ、インド半島を横断して、東南アジアに定着したと推定されている。これを南方モンゴロイドという。一方、死海地溝帯からさらに北上したモンゴロイドの種族があり、かれらはヒマラヤ山脈の北を東にすすんで、中央アジアのステップから、シベリアおよびモンゴル、中国の東北部に定着している。かれらを北方モンゴロイドという。北方モンゴロイドは、北緯四〇度から四五度の寒冷地をすすむため、耐寒性を身につけ、また冬期の食料を確保するために狩猟民族として成長していった。こうしたハンディキャップのために、南方モンゴロイドよりも一~二万年おくれてアジアの東北部に到着したと考えられている。この苛酷なコースをうらづけるものとして、バイカル湖の近くにマリタ遺跡(二万三〇〇〇年前)の集落跡が発見され、さらに北緯六〇度近くのウスチ・コバーにも竪穴式住居の集落が確認されている。この段階で、凍結したベーリング海峡をわたってアメリカ大陸に移住し、アメリンドウ(アメリカ・インディアン)となったモンゴロイドの種族も現存している。

四　渡来した日本人

ほぼ二万年前に最終氷期となり、海面が一〇〇~一二〇メートル低下している。日本列島とアジア大陸とは間宮海峡(タタール海峡)が陸化して樺太(サハリン)が陸つづきとなり、宗谷海峡(樺太と北海道）・津軽海峡（北海道と本州）も渡海が可能な状態となった。対馬海峡（朝鮮と北九州）は水深が一四〇メートルをこえる部分があるので、完全な陸橋とはならなかったが、向い島が見えるくらいの距離（一五キロメートル）となるので、先進的なモンゴロイドが渡来したコースと考えられている。

問題はやはり、渡来した日本人は北方モンゴロイドか南方モンゴロイドかということである。それはいまだに結着のつかないままだが、常識的にかんがえると、間宮海峡をわたったのは北方モンゴロイドで、朝鮮から北九州へ渡来したのは南方モンゴロイドではないかということになるが、その後の日本の遺跡を調査すると、むしろその逆の場合になっている。

最終氷期から現在にいたる間氷期のあいだに、日本列島に人々が住むようになったということだが、それ以前に古代人（旧人）はいなかったのだろうか。いまのところ、二〇〇〇年十一月の考古学者の捏造《ねつぞう》事件以来、かつての旧遺跡はことごとく否定されている。わずかに、一九四九年、相沢忠洋が群馬県の岩宿で発見した後期旧石器時代の石器が、縄文時代以前のものとみとめられているにすぎない。むろん今後、有力な資料が発見される可能性はあるだろうが、いずれにしても現代日本人の生態は新人からはじまったということになる。

一九六八年、沖縄の南端港川の採石場で、ほぼ完全な全身骨格をふくむ五〜九体の人骨が発見された。約一万八〇〇〇年まえの住民ということで、二万年まえの最終氷期に中国大陸と台湾が陸つづきとなり、陸橋となっていたので、島づたいに沖縄に渡来した子孫であろう。身長はかなり低く、男性で一五三センチメートル、女性で一四四センチメートル程度であり、頭骨は部あつく、脳の容積は一三九〇cc（現代人の平均は一五〇〇cc）でかなり原始的な人種である。その形体から中国南部の柳江人の系統であろうといわれていたが、最近のミトコンドリアDNAの遺伝子の調査で、東南アジアのマレーシアおよびインドネシアの系統に属するものということになった。

この港川人が日本列島先住民のアイヌとおなじ南方系統の遺伝子をもつことから、いちじは原日本人の祖先（一万三〇〇〇年まえ）ではないかと考えられたこともあったが、その間には五〇〇〇年ちかい空白と、サハリン（樺太）の北緯四〇度の寒冷期にたえる必要があり、別種の成育をとげた人種とおもわれる。

ミトコンドリアDNAの東南アジア系については、このほかにもふたつの重要な資料がある。ひとつはアメリカのフロリダ州の湿原で、約七〇〇〇年前のミイラが発掘され、その脳組織から微量のDNAを増幅することに成功し、その塩基配列を検査したところ、現代のアメリカ・インデアンの配列とはまったくちがっていた。むしろ日本人の一部と共通基盤を共有していたという。つまり、南方モンゴロイドが北上し、その一部がサハリンから北海道にわたり、本体はさらにアジア大陸を北上してベーリング陸橋からアメリカ大陸に移住したのではないかと推測されている。フロリダ州のミイラは、考古学的にも、南方モンゴロイドがアメリカ大陸に移住したのではないかという予測を学術的に立証した資料となっている。

いまひとつは、一九八八年、埼玉県浦和市で五九〇〇年まえの縄文人の頭骨が発掘され、その頭骨の一部をくりぬいてミトコンドリアＤＮＡの塩基配列を解読したところ、現代人と共通すると同時に、東南アジア人（マレーシア人とインドネシア人）の二人とまったくおなじであった（『モンゴロイドの地球』三巻）。

これらの事例から、南方モンゴロイドが北上して、縄文人となり、またアメリンドウとなったのではないかと推定されている。だが、北緯四〇度をこえる寒冷地に生息することは、耐寒性の体質に改変すると同時に、冬期の食料を確保する必要があり、二～三万年の歳月を要するのではないかということである。つまり、モンゴロイドは草食民族から採集狩猟民族へと変身する必要があった。したがって、獲物を追って日本列島に渡来した縄文人は、肉獣を解体するのにもちいた生活道具として細石刃石器《さいせきじん》を使用している。ところがその石器は、二万五〇〇〇年前シベリアのバイカル湖に近いアフォントバァガラおよびマリタ遺跡で発見されている。それはやがて二万～一万七〇〇〇年前になると、アジア大陸東南の沿海州ウスチノフカＩ遺跡でも使用され、さらに一万六〇〇〇年前には韓国のスヤング遺跡でも発掘されている。こうした経過をみると、南方モンゴロイドではなく、北方モンゴロイドが一万三〇〇〇年まえに日本列島に渡来した縄文人ではないかということになる。それはまた、アメリカに転進したモンゴロイドも、北方モンゴロイドで、やや遅れて一万二〇〇〇年前にアメリカへ移住したものと推定されている（『モンゴロイドの地球』巻三）。

この矛盾をどうかんがえればよいのか。

いまのところ解決されていない。現実的には、北緯五〇度をこえて定住したのは南方モンゴロイドではなく、死海地溝帯をさらに北上したモンゴロイドが、ヒマラヤの北をとおって中央アジアからモンゴル・中国東北部に定着した北方モンゴロイドというのがしぜんである。しかし、中央アジアからモンゴルにぬける「草原の道」は今日でも困難なルートである。かと言って、中世に開発された「絹の道」を通ることはさらに不可能にちかい。そこで現在推定されていることは、南方モンゴロイドが太平洋岸を北上する種族と、中国大陸の華北平原を北上するグループとに分かれ、それが中国東北部に定着して北方モンゴロイドの体質を形成したのではないかという説である。ただ、それをうらづける化石人骨がいまのところまだ発見されていない。だが、そのひとつの例証として、漢族が長江（揚子江）をさかいに、北方漢族と南方漢族とでは形態的にも相違しているということである。それは自然に対応する生活条件の結果であろう。

一〇万年まえに東南アジアに定着したモンゴロイドは、年間をとおして豊富な野生植物にめぐまれ、食料確保の道具としてアフリカで使用していた石核石器でじゅうぶん役にたち、石器の発達はまったくみられないということである。いっぽう、アジア大陸を北上したモンゴロイドは植物が採集できない冬期のために、狩猟のさまざまな道具類を作成している。獣肉をけずる細石刃石器もそのひとつだが、やがて骨角器による弓矢の飛道具や釣り針などを作りだしている。こうした生活に必要な道具類の作成は、新人の知能の発達をうながし、居住地区をつぎつぎに開拓していったようである。ベーリング陸橋をこえてアメリカ大陸に進出したのも彼等であり、また間宮海峡からサハリンをへて日本列島へ移住したのも新北方モンゴロイドということになる。ただし、ミトコンドリアＤＮＡは東南アジアの人たちと同類ということだから、この説は南方モンゴロイドと矛盾しないことになる。もっともすべては、何万年もまえの現象だから、推定の域をでないことはいたしかたない。

五　縄文人と弥生人

かつて五〇万年まえから日本列島にヒトが住んでいたという、馬鹿げた説を学者まで信じていた時代があった。それも、つい一〇年まえのことである。二〇〇〇年十一月の捏造《ねつぞう》事件によってふっとんでしまった。こうした間違いを犯さないためにも、日本列島の地理的条件についてかんたんに説明しておくことにする。

当然のことながら、日本列島は海峡にへだてられた島国である。それが地球の氷期によって、海面が低下し、アジア大陸とのあいだに陸橋ができる期間がある。七万〜二万年前までに、亜氷期といって、海面が五〇〜一二〇メートルまで低下していた時期がある。モンゴロイドが日本列島に移住したとすればこの年代であろう。

ところで、現在確認されているモンゴロイドの渡来は、北海道の遺跡から発掘された細石刃石器が一万六〇〇〇年前にかれらが使用していたものと推定されるので、この時期に日本列島に渡来したものとかんがえられる。この石器は動物の獣肉を処理するために作られたもので、東アジア大陸から獲物をおって日本列島に渡来した採集狩猟民族の生活用具であった。かれらは歴史上、後期旧石器人といわれているが、やがて進化して、土器を制作して縄文人となっている。土器の発掘にともなう遺跡から、それが日本人の起源をものがたる唯一の資料となっている。後期旧石器人から縄文人への進化は、一万三〇〇〇年ころヤンガー・ドリアス期という小氷期がおとずれ、北海道では採集も狩猟も困難な状況となったため、南下して東北地方や中部、関東地方に移住したようである。その足跡として、世界でも最古級といわれている土器が、青森県の大平山元Ｉ遺跡から出土している。

土器の文様はむろん縄文ではなくて、最初は櫛目文である。土器の作成によって、堅実果植物のどんぐりやトチの実などをつぶして煮沸し、アク抜きをして常食にすることができるようになった。こうした食物の加工は、縄文人の生活を飛躍的に向上させたようである。初期に渡来したモンゴロイドは五〇〇〇人たらずであったと推定されているが、縄文時代前期には一〇万人あまりになったのではないかといわれている。だが、初期住民の自然増加とはかんがえられないので、その後にざんじアジア大陸からの移住があったのではないだろうか（小山修三の遺跡調査による）。さらに時代がくだって、六〇〇〇〜五〇〇〇年前には二六万人をかぞえるようになったという。ただし、それは日本列島の東半分の地域の住民で、近畿地方から西の日本列島では九、六〇〇人くらいではないかといわれている（前者の調査による）。

こうした日本列島東西の格差は自然環境によるものと考えられる。東日本の人口過多は食料供給資源にめぐまれていたからである。採集狩猟が生活のささえとなっている縄文人にとって、堅果類を多数つける落葉広葉樹林帯は貴重な食料供給源であった。また落葉樹林帯には鹿やいのししなど狩猟にも最適な獣類が多数生存していた。なお関東や中部地方には多彩な植物資源が豊富であった。したがって、家族単位の縄文人は食料をもとめて広範囲に居住していたようである。

これにたいして、西日本では年中緑葉におおわれる照葉樹林帯が山野をしめ、居住環境には適さず、堅果類や採集植物もほとんど育たなかった。それはしぜん住民の居住を疎外し、人口の増加をこばんだようである。

東西格差のいまひとつの原因は、アジア大陸から渡来するルートによると考えられる。つまり、陸つづきであったタタール海峡（間宮海峡）からサハリン（樺太）にわたり、北海道に移住した旧石器人が、東北地方や中部・関東地方に分布して縄文人へと進化し、その後ほぼ一万年にわたって日本列島に居住している。こうした経路とはちがって、かなり後年（三〇〇〇年前）になるが、朝鮮半島から海をわたって北九州へ上陸し、西日本一帯に散在した人たちがいる。これを縄文人と区別して弥生人とよんでいる。

縄文人のミトコンドリアDNAは南方系ということだが、東南アジアからアジア大陸を北上して、北緯五〇度のサハリンに上陸するという経路はちょっと信じがたい。しかも二万年まえの極寒からわずか四〇〇〇年しかたっていない一万六〇〇〇年まえのことで、地球の寒冷地帯からするとかなり冒険的な移動ではなかろうか。もっともこの時期（一万二〇〇〇年まえ）、南方モンゴロイドはベーリング海峡をこえてアメリカ大陸に進出しているということだから、わたしたちの想像をこえる人類の発展史ということかもしれない。

縄文人の場合、遺伝子にかぎらず、体型もまた、寒冷適応によって育成された北方モンゴロイドの、四肢が短く扁平顔のむっつり型ではなくて、長身で高顔の中国人をしのばせるような人たちであったという。現在、縄文人の系統をうけつぐものとしてアイヌ人が注目されているが、アイヌ人以外に、日本列島に一万年にわたって生息していた縄文人の形質を現在の日本人がうけついでいることはまちがいない。

しかし、縄文時代中期には二六万人にも増加した人口が、後期には七万六〇〇〇人にまで減少している（小山修三の調査による）。その原因は気温の低下による森林地帯の異変であった。かつて六五〇〇年～六〇〇〇年まえには現在よりも二度から三度気温が高かったということだが、その後急速に低下し、落葉樹林帯は近畿・中国地方まで南下し、東北から中部・関東地方は針葉樹林帯となった。そのため堅果類や小動物など、森の資源が枯渇して、採種狩猟の縄文人はパニックとなり、家族は崩壊していった。それに代わって、西日本の生活環境が改善され、弥生人といわれる種族が、アジア大陸の東北地方から朝鮮半島を経由して日本列島に移住し、西日本へと進出してきた。

弥生時代というと、紀元前五世紀の稲作時代からといわれていたが、稲作以前の北方モンゴロイドの渡来人に適応するのが人種的にふさわしいということである。弥生人はミトコンドリアＤＮＡの遺伝子も北方型であり、また体形的にも寒冷適応型のむっつり型である。それはかつての日本人の典型的な体型であった。渡来は二三〇〇年前ころからといわれていたが、最近の資料によると三〇〇〇年前ころから西日本に移住していたということらしい。つまり縄文人が衰退する時期に弥生人が進出したというわけである。

ふしぎにおもえるのは、落葉樹林帯の南下とともに縄文人も移住すればよいとおもえるのに、古墳時代（四世紀）になってもなお東日本に固執していたようである。ひとつかんがえられることは、西日本はすでに弥生人が占拠していたのではないかということである。それにしても、なぜ共存しなかったのだろうか。

『日本語の空間』では、紀元前五世紀の稲作がはじまるまでは西日本は照葉樹林帯におおわれていたということで、居住に適さないと判断したが、それが三〇〇〇年まえころから落葉樹林帯になっていたということだから、アジア大陸から朝鮮半島を経由して西日本列島に移住してきた北方モンゴロイド人（弥生人）が、近畿地方にまで進出していたことはまちがいない。『日本書紀』などに、神武天皇が日向（南九州）から東征して大和（奈良の磐余《いわれ》）にはいり、朝廷をひらいたという伝説も、こうした実態があったのかもしれない。

ともかく、なぜこういうことにこだわるかというと、今日まで日本列島を支配した大和朝廷が奈良盆地東南部の桜井市纏向《まきむく》遺跡を根拠にして成長しているからである。日本の政治的中心は近畿地方にはじまり、江戸幕府が関東地方に移転し、明治政府が東京に都をうつすまで、奈良・京都が日本の中心であった。それをささえた西日本の日本人は弥生人であったということになる。つまり、日本に最初に住みついた縄文人は背後にしりぞき、外来の弥生人が新日本の支配者となった。年代的には、縄文人が紀元前一万一〇〇〇年〜二〇〇〇年まえまでは日本を代表する人種であったが、紀元前二〇〇〇年から大和朝廷にいたるまでに弥生人が日本の主流となったわけである。この暦年を現代史の西暦二〇〇〇年と比較すると、古代人の存在は異常に長期にわたって日本列島の住民であったが、ほとんど社会的な発展はみられなかったようである。稲作がはじまるまでは採集狩猟が生活の主体であり、原始的な生態であったからであろう。それに生存年齢も、三十歳代で世代交代をしていたようで、生きのびるのがやっとという状況であった。

現時点で、日本人のミトコンドリアＤＮＡ塩基配列の比率を調査した結果によると、三四％がもっとも多く、ついで一五％となり、以下は一〇％未満である。遺伝的には、日本人はアジア大陸から移住した混成民族ということになる。三四％はおそらく弥生人の子孫であり、一五％が縄文人からうけついだものと推定され、その他は朝鮮や中国、また東南アジアから移住してきた人たちの子孫であろう。

六　邪馬台国と大和朝廷

邪馬台国《やまたい》の記録が書かれた『魏志倭人伝《ぎしわじんでん》』（註・『三国志』の一部「東夷伝・倭人の条」のこと）は、わずか二〇〇〇字たらずの挿話である。「魏志倭人伝」は『三国志』を書いた陳寿《ちんじゅ》の文章であるが、かれは二点の文献を手がかりにこれをまとめたらしい。ひとつは後漢代末の倭国への使節団の旅行記と、魏の外交役所のかんたんな記録によっている（『邪馬台国がみえてきた』武光誠）。旅行記は誇張の多いあやふやなものであり、魏朝の外交記録は三代皇帝明帝《めいてい》の有力な政治家（司馬懿《い》）の都合のよいように書きかえられているという（前書による）。

まずその旅程をみてみよう。

魏のみやこ洛陽《らくよう》から、朝鮮半島の帯方郡《たいほうぐん》まで五〇〇〇里、帯方郡から狗邪韓国《くなかんこく》（釜山）まで七〇〇〇里、対馬国まで一〇〇〇里、一支国（壱岐）まで一〇〇〇里、末盧国《まつろこく》（松浦半島）まで一〇〇〇里、伊都国（糸島半島）まで五〇〇里、奴《な》国（福岡市）まで一〇〇里、不弥国《ふみこく》（宇美町）まで一〇〇里、そこから南にむかって投馬国《つまこく》（?）まで水行二〇日、さらに水行一〇日・陸行一月で邪馬台国（?）にいたるというものである。およそ一万七〇〇〇余里というぼうだいな距離となる。むろん架空の距離である。それは魏の政治家がもうひとりの有力者（曹真《そうしん》）に対抗するために、書きあらためたということである。邪馬台国をなぜ南方にもってきたかというと、長江（揚子江）を領有している呉国にたいして、対岸に親魏の邪馬台国という強国があるということを知らしめるためであった。邪馬台国が日本の東のほうにあっては『三国志』が役にたたないというわけである。

また邪馬台国の人家は七万余戸あり、卑弥呼が支配している国は三〇国あって、戸数は三〇万から四〇万にもなるという大国のイメージで書かれている。

こうしたことを考慮すると、「魏志倭人伝」をそのまま信用することはできないことはあきらかである。それに魏はまもなく滅亡（二二〇年〜二六五年）して西晋《せいしん》にとってかわる。その西晋もまた、三一六年に滅び、五胡十六国という夷人《えびすじん》の支配するところとなり、中国と倭国との交流はとだえてしまった。

邪馬台国の存在を疑うわけにはいかないが、それが北九州か奈良の大和かを決定する手がかりは「魏志倭人伝」以後失われてしまった。したがって、その後の追跡は遺跡の発掘によって推定するほかない。

北九州の場合、今日残っている遺跡で全容が復元されているものは「吉野ヶ里」（佐賀県神崎町）遺跡である。紀元前三世紀ころ定着し、一世紀中ころ最盛期をむかえ、世紀末には衰退したようである。二世紀はじめに草創し、二四八年卑弥呼が亡くなるまで北九州を統一していたといわれる「邪馬台国」は、その本拠地が「吉野ヶ里」の近辺にあったのではないかと推定されている。だが、その周辺に大国とおもわれるような遺跡も墳丘墓《ふんきゅうぼ》もみあたらない。武光誠は『邪馬台国がみえてきた』のなかで、

「不弥《ふみ》国は福岡県飯塚市の立岩《たていわ》遺跡のあたりにあったとみられる。そこから水行二十日で投馬《つま》国《こく》、さらに　水行十日、陸行一月で邪馬台国に着く。私は、邪馬台国は福岡県大川市から柳川市に至る地域にあった可能性が高いとみている。そこから吉野ヶ里遺跡までは一〇キロメートル余りの距離である。吉野ヶ里遺跡をつくった集団と近い関係にある者が、邪馬台国を興したのだ」

と結論している。これなら「魏志倭人伝」の距離にほぼ相当する。だが、その地域からの遺跡も、またその後の発展の形成もまったくみられない。となるとやはり、「魏志倭人伝」の記録を信ずるわ

けにはいかないだろう。

つぎに、大和地方についてみてみよう。

一九八〇年代、奈良県桜井市に纏向《まきむく》遺跡が発掘され、大和朝廷発生のありさまがあきらかになった。三世紀はじめ（二二〇年）から四世紀にかけて、大和朝廷の本拠地があったとおもわれる。纏向遺跡の規模はおどろくほどおおきく、藤原京や平城京の宮城に匹敵する広さである。東西二キロメートル、南北二キロメートルにおよんでいる。その宮城の規格が、従来の集落とはちがって、最初から人為的な首都として計画されている画期的な遺跡である。首都には全長二・五キロメートルの運河が開発され、護岸工事にはホゾ穴をほった溝に板をさしこんで補強するという高度の技術が使用されている。また、古代としては想像しがたいことだが、上水道施設をつくっている。こうした施設は『日本語の空間』でも詳細に紹介したが、この都市が「邪馬台国」の女王となった卑弥呼と同時代に建設されているのである。むろん、それだけで邪馬台国と纏向遺跡とを同一視するわけにはいかないが、纏向遺跡がのちに大和朝廷へと発展したことをかんがえると、『魏志倭人伝』で、卑弥呼を「倭国王」として遇していることは、それそうとうの理由があるといえるだろう。

さらに追記すると、日本で最初に定型化した前方後円墳である「箸墓《はしはか》古墳」は卑弥呼の墓ではないかとかんがえられている。なぜなら『日本書紀』に崇神《すじん》天皇（ハックニシラススメラミコト・初めて国を治めた天皇）の十年紀に、崇神の叔母「倭迹迹日百襲媛《やまとととひももそひめ》」を葬ったという説話がのっているが、かの女は卑弥呼ではないかとおもわれるからである。『魏志倭人伝』に卑弥呼の墓は「径百歩」とかかれているが、箸墓の後円径が約一五〇メートルなので、それに相当する。むろん、そのまま信じるわけにはいかないが、歴史的な経過からみると九州説よりも説得力がある。

それはともかく、纏向の都城都市が二二〇年前後にできたということは、遺跡の発掘がなければ信じがたいことである。桜井市纏向遺跡は奈良盆地の東のはしの山のふもとにあり、国家をささえる稲作地帯としても不便なところである。そこに、のちに大和朝廷となる都城が生まれるわけだが、世紀のはじめには西日本一帯に、北九州の博多に奴国が繁栄し、ついで前原市の伊都王国が北九州周辺の諸国を統括している。また、中国地方では岡山県の吉備王国、島根県の出雲王国など、各地に国の支配層が確定している時代である。そうした政治状況のなかで、奈良の辺境の地に都城が開花するということは、ほとんど信じられない事態である。それも戦乱によって獲得したというのではなく、むしろ話し合いによって醸成されたということである。その遺跡から出土する土器の三五%は各地の王国からおくられたものであった。

どうしてこういう現象がおこったのか。そこで、新たな統一国家の首長となった卑弥呼の登場をしるした「魏志倭人伝」の一節をみてみよう。

「その国、本《もと》また男子を以て王となし、住《とど》まること七、八十年、倭国乱れ、相攻伐《こうばつ》すること暦年、乃《すなわ》ち共に一女子を立てて王となす。名付けて卑弥呼《ひみこ》という」

倭国の大乱が七、八〇年つづいたということである。およそ紀元一一〇～一八〇年ころのことである。稲作によって、小さな村が独立してクニを形成したのが五〇～一〇〇年ころのことで、前漢の歴史を記した『漢書』によると、

「夫《そ》れ、樂浪《らくろう》海中に、倭人有り。分かれて百余国を為《な》す。歳時を以て来りて献見《けんけん》するという」

という一節がある。樂浪は朝鮮半島の樂浪郡のことであり、倭人とは日本人のことだが、「背の低い人」という蔑称である。それが交易をもとめて朝鮮半島にまで出かけているということである。交易は祭祀用の銅鏡や青銅の刀剣、それに農具の鉄をもとめていたようである。

一〇〇余国が、戦乱によって三〇国あまりになり、二二〇年の統一国家に集約されるころには、北九州の伊都王国、中国地方の吉備王国と出雲王国、それに濃尾平野の旧狗奴《くな》國くらいになっていたのではないだろうか。いずれにしても、纏向都市は象徴的な都市国家であり、祭祀を中心とした儀礼の場であったとおもわれる。そして、その主宰者は吉備王国であった。

こうした推定をくだすのは、一九八九年の纏向石塚古墳の発掘調査によるものである。その発掘

はいまもなお続けられているが、全長一〇〇メートル前後の前方後円墳で、古墳の中心から五〇センチの特殊な文様をえがいた半円形の板が出土した。それは弧文円板といわれる呪具《じゆぐ》で、三世紀後半吉備で広くもちいられていたものであった（『邪馬台国がみえてきた』武光誠）。

それがやがて四世紀になると、強力な男王があらわれ、大和朝廷という権力国家を建設することになるのだが、それは本書を参照にされたい。

その二『日本語の空間』おぼえ書き 2

一 日本語の源流

日本語にはアルタイ語の文法的特徴がみとめられる点で、日本語を育成した日本民族の中核には「アルタイ部族層」が存在していたものとかんがえられていた。

ところが、日本語の文法および音韻《おんいん》が外形的にはアルタイ語とかなり一致しているにもかかわらず、語彙《ごい》の質量面においてはほとんどその形態がみられない。むしろ南方系の言語が優位であり、日本人の渡来で検証したように、南方モンゴロイドが渡来したことを暗喩《あんゆ》しているのではないだろうか。黒崎久の『日本語起源論』によると、

「南北両言語が接触混交したながい歴史的な言語発達の過程で、両言語の要素は融合し、語順

は北方語的であり、語彙《ごい》は南島語的という特殊な言語―日本語が成立したものと推定される」ということである（『日本語の成立』安本美典より引用）。

すこし話が飛躍したようなので、初期日本語の渡来から説明することにしよう。しかし基本的には、この南北両言語の混交が現在の日本語のなりたちにかかわっていることはほぼまちがいない。

まずアルタイ語とはどういうものかということからみてみよう。アルタイ語は中近東のカザフスタンからゴビ砂漠の西北端をシベリアにむかってよこたわる一六〇〇キロのアルタイ山脈にそって簇生《ぞくせい》した旧石器時代の諸民族（アルタイ語族・モンゴール語族・ツングース語族）が使っていた言語である。安本美典はこれをアルタイ諸語ではなく、「古極東アジア語」というふうに拡大解釈している。

なぜなら、東ユーラシア大陸の言語―（アルタイ諸語のほか、トルコ語・チュルク諸語・ウイグル語・チベット・ビルマ諸語・インド・イラニアン諸語・ドラヴイダ諸語・ギリヤーク語・朝鮮語・アイヌ語など）―は、漢民族の言語であるシナ語をとりまく周辺諸国では、すべて日本語とおなじ語順の言語がもちいられているからである。つまり、極東地区の言語はすべて同一の起源をもつということである。

承知のごとく、日本語の文法は「主語＋目的語＋動詞」（たとえば、私は学校へ行く）という語順となっているが、古極東アジア語もまた同様である。これは日本民族（当時は縄文人）が独自に開発したものではなくて、東ユーラシア大陸一帯の語順にしたがったものと思われる。今日でも東アジア諸国は、ヨーロッパ語の語順「主語＋動詞＋目的語」（たとえば、I go to school）と同一の語順を使用する中国を除いて、アルタイ諸語の語順を踏襲している。したがって、旧石器時代に日本列島に渡来した種族間で慣用されていた言語は、極東アジア地区の語順であって、それを縄文人が踏襲し、さらに弥生人から大和朝廷へとうけつがれ、今日にいたっているということである。

むろんこうした言語の歴史はたんなる憶測であって、「話ことば」は記録されるものではないから、言語的な資料は存在しない。だが、「話ことば」は種族とともに共存し、そして存続されるものであり、日本列島に渡来した旧石器人（複数の各人種）から、縄文人、弥生人、そして大和民族へと継承されたものと推定される。それは日本語が記録されるようになった八世紀までの、ほぼ一万八〇〇〇年というながい年月を経過している。そして古典といわれる『古事記』『日本書紀』『万葉集』『風土記』などの記述のなかに、記録としてすがたをあらわしたのである。

語順のほかに、音韻《おんいん》についてもほぼ同様の影響をうけているが、それは現在わたしたちが使っている言語にふくまれているので省略することにする。ただ、語彙《ごい》の伝来については、安本美典の『日本語の成立』（講談社・一九七八年刊）がわかりやすいので、それから引用することにしよう。

ヨーロッパ語の言語は印欧語の源流から分流した言語ということで、同一の祖語からわかれた同系の言語であり、これは「系統論」として分類されている。

これにたいして日本語は、さまざまな言語がさまざまな時期に各国にながれて成立した言語であることから、こうした言語は「流入論」として、その経過をたどることによって源流を究明することになる。

日本語の源流の祖語は「古極東アジア語」である。これを基本に、四期にわたって外国語が流入している。「古極東アジア語」は紀元前六〇〇〇～五〇〇〇年ころ日本列島に定着したのではないかといわれている。それ以前の、種族間の会話（いわゆるコトバ）として使っていた言語は、むろん旧石器時代の古代人たちである。ほぼ紀元前一万六〇〇〇年まえのころとおもわれる。当時は、冬期の食料確保のために最小の家族単位の集団（三〇人前後）が猟場をもとめて各地を転々としていた。それが六～五〇〇〇年前の縄文時代中期ころから、気候の温暖化とともに、土器の製作と使用によって、果実を煮沸して食料とすることができるようになった。それにともなって、不安定な狩猟採集生活から脱却し、定住することができたようである。「話ことば」が成育するためには、こうして定住した集団生活が必要であった。そのころの原始集団生活の住居遺跡が、今日、中部地方や関東地方にかなり多く残存（『縄文の豊かさと限界』日本史リブレット二に記載）しているということである。したがって、このころ「古極東アジア語」が日本語の祖語として定着したのではないだろうかと安本氏は推定している。

ところが奇妙なことに、「古極東アジア語」の文法や音韻を踏襲しながら、その後第二期目として、日本語のほとんどがインドネシア系言語およびクメール（カンボジア）系言語の語彙《ごい》を使用しているということである。もっとも時期的にはややずれて、紀元前二〇〇〇年ころから流入して、弥生時代のはじめころに定着したのではないかと推定されている。ところがその後第三期目、紀元前四〇〇～二〇〇年ころ、中国の江南地方からビルマ系言語（身体語・数詞・代名詞・植物関係の語）が流入したようである。おそらく、水稲栽培にしたがって全国に普及し、今日まで残っているといえるのではないだろうか。そして第四期目として、現在も多く使用されているシナ語（北京方言の祖語）による文化語が、紀元後に流入したというのが現在の日本語の主流である。（『日本語の成立』安本美典による）

いわゆる北方系の祖語に、南方系の言語が流入して、日本語は成立したということになる。それはむろん、言語だけではなく、種族としても混交した民族が日本人ということである。

「古極東アジア語」の源流をたどると、トルコ語にはじまり、チュルク諸語（現在カザフスタン地方）をへて、モンゴール語・ツングース系満州語から、ギリヤーク語（日本海側沿海州）に東進し、陸つづきのタタール海峡（間宮海峡）をわたって、サハリン（樺太）、北海道・東北地方へと南下して成立した上古日本語の経緯をたどることができる。それは同時に、原日本民族の源流でもあるといえるだろう。

日本語の原点は「アルタイ諸語」というふうに、むかしから一括して呼称されてきたが、「古極東アジア語」の経過をたどれば、一〇万年まえ、古代人から変身したホモ・サピエンス・サピエンス（現代人）が、ヨルダンの死海地溝帯から東南アジアにむかった「南方モンゴロイド」とは対照的に、北にむかって中近東（トルコ・カザフスタン）からアルタイ山脈にそって東進した「北方モンゴロイド」の種族が使っていたコトバであり、またその種族のあゆみそのものではないだろうか。

最近の進化学と遺伝学から、縄文人の遺骨がマレーシアやインドネシア人のミトコンドリアDNAを保有していたことから、日本人は南方系の渡来人（南方モンゴロイド）であると断定されていた。だが、分析された遺骨はわずか数十体にすぎず、「古極東アジア語」のながれをたどると、「北方モンゴロイド」が古代日本人の原点とかんがえるほうが、むしろ妥当ではないかと思われる。

二　語彙《ごい》の伝来

語彙には基礎語彙と文化的な語彙という二つの大きなながれがある。基礎語彙というのは、身体用語（たとえば、手・足・口・目・耳など）や天然自然現象（山・川・空・日・月・雨・雲など）であり、初期のコトバの出発点でもある。それはむろん「古極東アジア語」でもつかわれていたはずだが、古代日本語の残映をみると「インドネシア語およびカンボジア語」との類縁関係のほうがつよいということである。古代日本人が南方モンゴロイド系ということもあるが、むしろ後期縄文時代の二

〜一〇〇〇年まえに、南方の海洋民族が日本列島の南九州や四国に上陸したのではないかということもかんがえられる。というのも、そのころフィリッピンや沖縄の首里、また太平洋諸島にその足跡がみられるからである。その痕跡はむろん、古代日本語のコトバ（南方語彙）にわずかに残っているにすぎないが、六〜五〇〇〇年まえの縄文人のささやかな集落をかんがえると、海洋民族の進出がありえないことではないだろう。もっともわたしはこれまで、近畿地方から縄文人を駆逐した種族は、朝鮮半島をとおって北九州に渡来した北方モンゴロイドというふうにかんがえていたが、言語上の痕跡からすれば、それはやや時代がくだって、紀元前後の稲作時代ということになるらしい。

さらに安本美典の説をたどると、紀元前四〜二〇〇〇年ころ、こんどは中国の江南地方から「ビルマ系の言語」が日本の北九州地区におしよせてきたということである。これもまた思いもつかない発想である。その痕跡をたどってみると、ビルマ系の用語が、身体語ばかりではなく、数詞、代名詞、植物関係の用語など、古代日本語とかなり一致するコトバとして残っているらしい。なぜそういうことになったかというと、採集狩猟の家族的縄文人とはちがって、集団的農耕を主体とする弥生人の社会生活による普及ということのようである。

それにしても、中国の江南地方（揚子江流域）の地区からどうやって日本列島にやってきたのだろうか。朝鮮半島を経由しないという点では、先の「インドネシア語」も同様な経路をたどったようである。なぜなら中期朝鮮語との類縁関係がみられないからである。おそらく朝鮮半島以外のべつのルートをたどったとかんがえるほかない。ということは、島国である日本列島に上陸するには海路しかない。とすると東シナ海を航海することになるが、家族連れが海をわたって渡来したのだろうか。奈良時代の遣唐使船でも決して容易な時代ではなかったことをかんがえると、信じられない。にもかかわらず、古代日本語にはビルマ系の語彙が優位をしめているということである。しかも、コトバばかりではなく、種族としても、クマソという集団構成によって、南九州の主流となっているのだから、いっそう信じがたい。こうした経緯はまたのちほどふれるとして、ともかく江南地区からの伝来が古代日本語の主流となったようである。

揚子江流域（江南地区）といえば、こんにちでは漢民族の生息地となっているが、当時はビルマ系のロロ族、ベトナム族、ビルマ族、カチン族、ナガ族、クキ・チン族、ボド族、など多くの異民族が生息していたようである。そのころ漢民族は北方の黄河地区を中心に発達し、国家体制をととのえるにしがって、しだいに南下して異民族を征服していった。そのために、江南地区の人びとは逃亡して、南部諸島や日本列島にきたのかもしれない。ともかく渡来の経過は謎につつまれたままだが、コトバとしてはビルマ系の言語の痕跡が残っているということである。

つぎに、日本語にもっとも大きな影響をおよぼしたのは、帰化人とともに日本に流入したシナ語（北京方言）である。紀元五、六世紀ということだが、語彙としては、実用語よりも文化的な要素が多い。それにいまひとつ特筆しなければならないことは、これまでの話コトバとはちがって、音声とともに記述語が出現したことである。これは日本語にとっては画期的なことであった。むろんそれは漢字だが、紀元後七、八世紀になって、古代日本語も漢語の音を借用して記述することができるようになった。「万葉かな」がそれであり、今日では訓読みとして立派な日本語となっている。これについては、『日本語の空間』(自著)で、そのいきさつについては紹介しているので省略するが、今日、世界でも特殊な言語としての日本語が生き残ることができたのは、こうした記述性を獲得したからである。

それはともかく、古代の語彙の流入はどういうふうにして知りえたのであろうか。紀元後の記述によるばあいはともかく、話コトバしかない時代には、石器とか遺跡などのように手がかりとなるようなものはないはずである。ただ、それを知る手段として「比較言語学」という方法がもちいられたことを、つぎに紹介してみよう。

三　比較言語学の手法

安本美典の『日本語の成立』によると、アメリカの言語学者、モリス・スワデシュは各国の言語を比較するために、二百語の「基礎語彙」を設定し、世界の語彙を比較検討している。基礎語彙は身体用語や天体や自然の用語、また「黒」「白」などの色彩用語など、ほとんど世界中のコトバとして一般的に使用されている言語である。ただ、その音韻や表現は国によってそれぞれ異なっているが、各国言語をローマ語化して、その子音の類縁関係をコンピューターによって抽出し、その連携と発想を比較することによって、その国々の言語の歴史を知ることができるということである。また基礎語彙は、文化的用語とはちがって、いったん表現されると、千年二千年とほとんど変わることがなく使われるという特性があり、国の歴史をこえて永続性がある。

安本美典は「古代日本語」の歴史を知るために、「日本語」「朝鮮語」「アイヌ語」の基礎語彙をスワデシュの二百語から援用して、作成している。それによると、日本語、朝鮮語、アイヌ語は、かつて同一の「古極東アジア語」で語られていたようである。それは中国をふくめて、死海地溝帯からユーラシア大陸を東にむかって進出した北方モンゴロイドの人たちが使用していたコトバである。それが数万年ののち、各地区の民族のコトバに変成していったのである。もっとも大きく変成したのはシナ語だが、日本語もまた「古極東アジア語」から変成して「日本語」となっていったようである。

紀元五〜六〇〇年前の「中期朝鮮語」と「アイヌ幌別方言」とには、共通の語彙として「古極東アジア語」がみられるが、縄文人が使用していたと思われる「上古日本語」は変質して、南方系の語彙が優先するようになったということである。むしろ沖縄の首里方言との類縁関係がみられるところから、安本美典は海洋民族が琉球列島をたどって、南九州や四国に上陸し、近畿地方へ進出したのではないかと予測している。これが第一期の日本語の変遷である。朝鮮半島を経由したのであれば、とうぜん中期朝鮮語も変質しているはずである。だが、中期朝鮮語は古来からの「古極東アジア語」のままで温存されていた。それはまた、東北地方から北海道へと追いあげられたアイヌ人も、古来からの言語を語りついでいたようで、中期朝鮮語との類縁関係がみとめられるということである。

それにしても、日本列島が海洋民族によって占拠されるという、いささか信じがたい想定である。それは現代日本語に残存する南方語による想定で、現実的な資料としてはなんらの手がかりもない。だが、コトバだけが変成するということはありえない。コトバは同時に生活用語としても使われていただろうから、そのコトバが「古極東アジア語」と新しく入れかわっている点から、なんらかの種族的な影響があったのではないかと考えられる。それを裏付けるものとして、考古学の立場をはなれて、言語的に『古事記』や『日本書紀』に語られている神話をみてみることにしよう。

四　神話の話

まず最初に、「高天原《たかまがはら》」から日本列島に降下した神はニニギノミコトということである。日本列島のどこに降下したかというと、『記紀』（古事記・日本書紀）によると、筑紫の日向《ひむか》（北九州）ということである。だが、伝承によると宮崎県の日向《ひゅうが》（南九州）の高千穂峰に降下したことになっている。いずれにしても、神話では日本人の起源は西日本からはじまっている。だが、すでにみてきたように、実証的に日本人の起源をたどれば、旧石器人から古代人・縄文人へと変遷し、サハリンから北海道をへて東北・関東地方へと南下している。つまり原日本人は東日本が起源ということになっている。

ところが種族的にみると、九州におりたった日本人は、原日本人である縄文人ではなく、アジア大陸から渡来した狩猟民族で、南下して農耕地に定着した弥生人である。それはたんに稲作を生業とした人種というかつての解釈とはちがって、狩猟や畑作を併用し、豚や雑穀を栽培していた民族で、ユーラシア大陸北方の寒冷適応の形態と体質を身につけた北方モンゴロイドの人たちである。したがって、八世紀に記紀を作成した人たちも、とうぜん自分たちの祖先はアジアにあるものと考えていたようである。もっとも、当時の知識としてのアジアは、中国と朝鮮にかぎられていた。かれらが「高天原《たかまがはら》」といっていた神話の世界は、高句麗《こうくり》とそのとなりに隣接する夫余《ふよ》であったらしい。

（『日本語の歴史』巻一「民族のことばの誕生」による）

筑紫に日向《ひむか》という地名はない。ただニニギノミコトが、日本列島の北九州の地から大和朝廷の神話をはじめるために設定したかりの地名である。当時、南九州は熊襲をはじめ野蛮人の国として、神々の住むところではないとおもわれていた。にもかかわらず、現在南九州をとりあげたのは、日本語の語彙にインドネシヤ系やクメール（カンボジア）系の語が優位をしめていることがわかったからである。安本美典によると、これらの南方語を日本にもたらしたのは海洋民族でないかということである。今日でも、太平洋の島々にかれら（海洋民族）のコトバと足跡が残されているらしい。かれらは日本でも南九州や四国の沿岸に上陸したのではないだろうか。そのひとつが宮崎県の日向地方ということになる。むろんそれを実証する遺跡も歴史もないが、ただ上古日本語に、「古極東アジア語」ではない南方語が散見され、それが今日でもなお使われているからである。

それにしても、どういうふうにして南方語が使われるようになったのだろうか。コトバが使われるということは、文字のない古代にあっては、種族間の交流もしくは混同によるものと考えるほかない。では、海洋民族は南九州の僻地から近畿地方の大和まで遠征するほど成長したのだろうか。中国の史書『新唐書』（一〇六〇年成立）に書かれている日本の歴史の一部を引用すると、

「初主は天御中主と号す、彦瀲《げんれん》に至る凡《およ》そ三十二世、皆尊《みこと》を以て号となし、筑紫城に居る、彦《げん》瀲《れん》の子神武立つ。

更に天皇を以て号と為し、徙《うつ》りて大和州に治す……」（『日本語の歴史』巻一より引用）

これはむろん、天孫降臨から神武天皇の東征、そして大和朝廷の治世までを記述したものである。

ただ、北九州の筑紫が起点となっていることは、従来の日本歴史にしたがったからであろう。だが外来民族ということになると、コトバもとうぜん「古極東アジア語」から「南方系日本語」へと変わっていたと思われる。

南方語を使う南九州の海洋民族を日本歴史に登場させることは容易なことではない。筑紫城の神武大王はむろん海洋民族ではないだろう。無理を承知で想定すると、たとえば、紀元前数百年まえ（?）日本列島にたどりついた海洋民族がいたとしても、おそらく百人たらずの少家族であったと思われる。それが大和地方への東征にまで発展するのに、なん百年をようしただろうか。『新唐書』によると、三十二世代が筑紫の日向地方に居住していたということだから、およそ五、六百年近くはたっていたということになる。だが、筑紫の日向が架空の地であることからすると、ニニギノミコトは南九州の日向におりたったともいえる。また『古事記』による神々のいとなみは、いかにも海辺のゆたかな生活にみたされていたように書かれている。かれらが南方用語をつたえたのだろうか。「天孫降臨」のように、筑紫の山間部に降りたったのでは、とてもこのような優雅な生活はのぞめない。『記・紀』には、筑紫の居住を否定するような叙述がある。それは北九州から東征にむかったといわれるカムヤマトイワレビコノミコト（神武天皇）がたどった行程である。

ニニギノミコトが降臨したところは筑紫の日向《ひむか》となっているが、カムヤマトイワレビコノスメラミコト（神武天皇）が東征に出発したところは南九州の日向《ひゅうが》（宮崎県）と思われる。なぜなら、そこから船にのって速吸之門《はやすいのもん》（豊予海峡）をへて豊国の宇佐（大分県宇佐、のちの宇佐神社の地）で歓待され、ついで筑紫の岡水門《おかのみなと》（福岡県遠賀川河口）に一年ばかり滞在し、やがて阿岐国《あきのくに》の多祁理宮《たけりのみや》（安芸国の埃宮《えのみや》）に七年、ついで吉備の高島宮（岡山県宮浦）に八年、さらに浪速渡（大阪湾）の白肩津（東大阪市日下《くさか》町）から奈良に向かっている。だが、土地の土豪ナガスネヒコに阻止されてすすめず、和歌山県の紀ノ川から畝傍《うねび》山の東南をすすみ、そこから大和の橿原の地に到着し、そこに都をつくるというのが大和朝廷のはじまりということになっている。

この天孫降臨から神武天皇の治世までの物語は、八世紀の『記紀』の作者によってつくられた神話である。その神話のもとは、朝鮮の高句麗の創世記に書かれている物語を『記紀』の作者が援用したということである。わたしも、『日本語の歴史』第一巻を読むまで、それが高句麗の創世記によるものとは思ってもみなかった。しかし、指摘されてみると、時代は中国の魏・晋が亡びたあと、五胡十六国の異民族が北東アジアに勃興し、中国をはじめ、朝鮮半島へと進出している。高句麗もツングース系の種族で、紀元前四〇年ころに満州地区に建国し、後漢に朝貢して次第に勢力を増強し、やがて朝鮮半島北部を占有している。百済の王朝もまた韓人ではなくて、満州地区の扶余《ふよ》の種族である。帯方郡や楽浪郡と交流して成長し、四世紀のはじめ、馬韓五五邑《むら》を統合して王国を形成したということである。こうしたアジア大陸北東部の諸民族の勃興から推測して、御真木入彦命《みまきいりひこのみこと》（崇神天皇）が南鮮の弁韓の地から北九州へ征服の途についたという江上波夫の「騎馬民族」説がまんざら架空のものではないといえるのではないだろうか。

もっともそのころの日本では、三世紀のなかごろから、奈良盆地の大和地区に巨大な前方後円墳がつぎつぎと造成されつつあった。こうした日本の状況と、満州・朝鮮における北方民族の領土拡大による朝鮮半島への進出から、さらに倭国への渡来という、いわば同時期の関連を、どう解釈するかということは未知な問題である。日本歴史の正史では、十代崇神天皇をハックニシラススメラミコトとして「大和朝廷」の創始者としている。そして一一代垂仁・一二代景行天皇の時代に、大和周辺地区を平定したのち、大和から朝鮮半島への進出、もしくは百済への軍事援助というふうに、事態は逆に解説されている。それは『記紀』による一方的な叙述だが、一三代成務・一四代仲哀天皇になると、それは架空の大王ということで、存在そのものが危ぶまれている。とても北九州の地に遠征するということなど考えられない。ところが『記紀』では、一四代仲哀天皇が熊襲《くまそ》征伐のために北九州筑紫の珂志比宮《かしひのみや》（橿宮）に下向している。そして数日して、神がかりした神功皇后が、

「西の方の国に金銀をはじめさまざまな珍宝があるが、その国をきせ賜わむ」

と、神のことばを口ばしる。天皇はそれを信じなかったために、神の怒りにふれて急死することになっている。そして仲哀天皇にかわって、神功皇后が夫を弔ったのち、軍をととのえて、いっきに新羅に攻めこんでいる。新羅王はただちに降伏して朝貢することを誓うという筋書きになっている。新羅遠征のとき、神功皇后は身重のからだであったという。そこで石を御裳《みも》の腰にまいて出産

をしずめ、遠征からかえると同時に、海辺で皇子を分娩する。それがのちの一五代応神天皇ということである。どうもこの伝説は、新羅の皇子をもらいうけて、次代の天皇の後継者としたのではないかと推測される。

神話とはいいながら、なんとも奇怪なものがたりである。むろん歴史的には一切信じられていない。だが応神天皇は、はじめて実在の天皇として日本の歴史に登場した天皇となっているからふしぎである。崇神天皇系と応神天皇系とは血縁関係のない独自の王朝となっている。直木孝次郎によると、崇神天皇系を「大和王権」といい、応神天皇系を「河内王権」と設定している。河内王権というのは、応神天皇が北九州から遠征して近畿地方に上陸するが、大和にむかわずに大阪平野の河内に皇居をもうけたからである。当時、大和には有力な豪族が存続していたものと思われる。河内王権が大和の飛鳥《あすか》に移住するのは応神天皇からかぞえて四代目の一九代允恭《いんぎょう》天皇の時代（五世紀中頃）である。

こうした天皇制の混乱は、国定教科書ではまったくふれることのない出来事であった。戦前の日本歴史にたいする批判が生じるのは、第二次世界大戦で敗北した戦後の、明治憲法改正にともなう虚構の改革によるものである。

そのひとつが、江上波夫による『騎馬民族説』である。『記紀』による「天孫降臨」では、高天原からニニギノミコトが九州の筑紫の日向に降りたったところから天皇制がはじまっているが、それは高句麗の神話を援用したものであることはすでに触れたとおりである。ところが江上波夫によると、神話ではなくて、もっと古代史の現実的な騎馬民族の事象として語られている。

簡明に紹介すると、三世紀末から四世紀はじめにかけて、東北アジアに生息していた騎馬民族である扶余《ふよ》が、中国王朝の弱体化に乗じて、朝鮮半島を征服して南下し、北九州から大和にまで進出して崇神王朝を構成したという説である。大和王朝は外来民族による征服王朝ということになり、これは日本の歴史にとっては画期的なことである。もっとも日本民族は単一ではなく、各国の種族が流入したということは紀元前から知られていたことではある。だが将来にわたって、日本全国を統制することになる大和王朝が外来民族ということになると、容易には納得できない。『記紀』の天孫降臨と同様、『騎馬民族説』もまた架空の話ではないかということになる。たしかに崇神天皇を歴史的に実証する資料も遺跡もない。現在、崇神天皇陵といわれる天理市柳本の前方後円墳は明治時代になって認定されたもので、被葬者が崇神天皇という確証はないままである。ただ『記紀』に記載された、「ハックニシラススメラミコト」というおくりなによって、初代の天皇とよばれているが、この名称もまた七世紀になってつけられたということである。

では騎馬民族説はまったく根拠がないかというと、当時の朝鮮半島に跋扈《ばっこ》する高句麗・馬韓・辰韓・弁辰の動向からすると、崇神大王（加羅・任那の王）が倭国に進出したということはじゅうぶん

にありうると考えられる。中国の『旧唐書』（六三一年）によると、

「日本旧《も》と小国、倭国の地を併《あわ》す」

ということが書かれている。（『日本語の歴史』巻一より引用）

江上波夫の説についはこれくらいにして、つぎに直木孝次郎の『大和王権と河内王権』についてみてみよう。

直木孝次郎は朝鮮半島から北九州へ侵攻した征服民族の寓話をまったく信じない立場から、大和の統一王朝をとりあげている。その点、戦前の天皇制にかなり近い印象をうける。では統一王朝の主体はだれかというと、三世紀の中ころから三輪山の周辺に造成された巨大古墳の造成者たちである。奈良盆地の東南部には大和古墳群とよばれている最初の巨大な前方後円墳が十数基あり、ここが初期ヤマト政権の成立したところであると直木孝次郎は推定している。だが古墳は三世紀の中ころに造成されたということなので、ヤマト政権を樹立したとされる崇神大王（三世紀末〜四世紀初の在位）以前に、古墳の造成ははじまっていたことになる。したがって初期古墳の造成は、奈良盆地を領有していた当時の有力な族長たちによるものと直木孝次郎は推定している。たとえば『日本書紀』の「神武二年二月条」に、倭国造《やまとのくにのみやつこ》や葛城國造《かづしろのくにのみやつこ》が奈良盆地を領有しているという記事がある。国造はむろん六〜七世紀の創設だから、日本書紀の編者による創作だが、そのほか正倉院の「優《う》婆《ば》塞《そく》貢《こう》進《しん》解《げ》」や「大倭国正税帳」などからも、大倭に確固とした有力者がいたことが裏付けられ

ている。こうした族長や領主を征服し統率して、ヤマト政権を樹立したのが崇神天皇というわけである。崇神天皇の宮居が師木水垣宮（磯城郡《しき》）にあり、大和の中心地ということも政権の所在地にふさわしい。だがヤマト政権は三代とはつづかず、一一代垂仁・一二代景行のあとは一五代応神天皇の「河内王権」という大阪平野を基盤とする新政権の時代となっている。これが直木孝次郎の「天皇制」論である。河内王権は今日、応神天皇・仁徳天皇の巨大な前方後円墳を大阪府に造成して、その威容を誇示している。

この二人の説は、わたしにはたいへん参考になった。それぞれ長所と短所があるが、日本国の統一はこのようにしてはじまったのかという印象をうけた。

江上氏の騎馬民族説で、騎馬による武装集団という発想はまだこの時代には尚早ということであった。そのころの馬は荷役としてつかわれ、乗馬は五世紀になってからということである。それよりもむしろ重要なことは、当時北東アジアの匈奴《きょうど》や鮮卑《せんぴ》・扶余《ふよ》など狩猟民族が南下して、農耕地に定着し、統一国家をつくりはじめたということである。そのため農耕によって人口がふえ、国力も強力となり、中国をはじめ周辺地を侵略するようになった。その一分派が朝鮮半島へも進出し、やがて海をわたって北九州に侵攻したという現実的な事象が、江上氏の説の有力な説得力である。

もっとも朝鮮半島には、高句麗や南部に馬韓・弁韓・辰韓という統一集団があって、狩猟民族の進出を容易に許さなかったと思われる。しかしそのころ、中国王朝の動揺で朝鮮への支配が壊滅した空隙の時期でもあった。おそらく北九州に侵攻した勢力は南下した狩猟民族ではなくて、弁韓諸国のひとつである加羅の王ミマキイリヒコ（崇神大王）の軍勢ではなかったかと推定される。加羅はのちに、日本府がおかれるようになるなど、倭人とは密接な関係にある国であった。

ところで、ミマキイリヒコの生存はいつころかということになるが、五世紀にはじまった天皇の「崩年干支《ほうねんかんし》」によると、三一八年没ということになっている。それをそのまま信用するわけにはいかないということだが、おおよそのところ三世紀末から四世紀初めであろうと思われる。二四八年には邪馬台国のヒミコが亡くなり、二六六年ヒミコのあとをついだトヨが中国の西晋に朝貢した記録があるが、以後、倭国の消息はとだえている。かりにミマキイリヒコの北九州への侵略を三世紀末とすると、当時北九州にはナ国をはじめイト国・マツロ国・フミ国・ツマ国・ヤマタイ国・クナ国など『魏志倭人伝』で紹介された国々がまだ健在であったのではないかと思われる。その辺のことにはまったくふれることもなく、『記紀』ではいきなり「ハツクニシラススメラミコト」として崇神天皇が大和朝廷の創始者となっている。江上氏や直木氏が新説を提案したのも、こうした未知な状況があったからであろう。

江上波夫の説はこれくらいにして、次ぎに直木孝次郎の説を紹介することにしよう。むろん概略にすぎないが、従来の天皇制にちかいのでわかりやすいと思われる。

大和政権の成立に、直木氏は四つの想定を述べている。簡明に紹介すると、邪馬台国と大和政権との関係である。第一、第二は邪馬台国がヤマトにあったと仮定して、ミマキイリヒコ王が邪馬台国を継承して大和朝廷を創設したという説と、邪馬台国は分裂、解体して、それを再組織したのが古墳時代の大和政権という説である。つぎに第三、第四の説は、邪馬台国は北九州にあって、三世紀の末ころ東遷してヤマトにはいって大和朝廷を樹立したという説と、邪馬台国はそのまま北九州に存続して、大和政権はそれとは無関係に成立したという説である。

いずれにしても、直木孝次郎は朝鮮半島から異民族の侵攻によって大和朝廷が成立したという想定はすべて否定している。大和朝廷は奈良盆地の東南地区、三輪山の山麓に造成された大和古墳群（十数基）の創設者たちによって構成されたということである。そのなかから選認されたのがミマキイリヒコイニエノミコト（崇神大王）である。ハツクニシラススメラミコトとして初めて国を治めた天皇とされたのは、七世紀ころに作成されたらしい『帝紀』『旧辞』によるもので、八世紀に編纂された『記紀』ではさらに神武天皇もハツクニシラススメラミコトとされている。要するに、たしかな客観的な資料はないままに、「記紀」の記事が唯一の素材となっている。その点、今日でもなおその巨大なすがたを残している前方後円墳の実体にもとづいて、大和朝廷の創設を考察するのがもっともふさわしいといえるのかも知れない。

だが歴史は、その後転変として変動し、大和朝廷が今日まで一貫して継続したという天皇制はありえないことであった。崇神天皇系にしても、すでに三代目からは混乱し、衰退しはじめている。そして四世紀の後半には、応神天皇という新たな人脈によって、大阪平野に「河内王朝」が創設されている。直木孝次郎の説もこの辺で打ちきって、わたしの独断的な見解を述べることにしよう。なぜ独断的かというと、歴史的な資料のない記紀の神話から、日本人にあたえた陰影を見ることによって、天皇制のあり方を推定しようとするからである。

まず大和を中心に天皇制が誕生したということにたいして、江上氏と同様、わたしも北方モンゴロイドの民族が朝鮮半島から北九州に進出して、そこにまず拠点をきづいたのち、瀬戸内海を東上して摂津に上陸し、近畿地方を支配して有力な豪族となったからであろうとおもう。弥生民族のこうした動向は、稲作の農耕が東北地方にまでいきわたった歴史的な状況からみて、ほぼ間違いないだろう。ただ基本的な違いは、弥生時代の農民が自主的で家族的な生活を主体に、協同社会を生みだしたのにたいして、三世紀から四世紀にかけて進展した大和王権は、支配的で強制的な統制を人々に要求する政治性をそなえていた。それがつまり天皇制の本質的な性格でもあるといえる。ところで、ミマリイリヒコイニエ（崇神大王）が任那の王であったかどうかはわからないが、北九州に侵略するにはそうとうな戦力をそなえた統率者であっただろう。ついでイクメイリヒコイサチ（垂仁）が二代目をうけついでいる。三代目になるとオオタラシヒコオシロワケ（景行）というふうに諡号《しごう》（おくりな）が変わっているところをみると、傍系が指導者となったものとおもわれる。『記紀』ではつづいて、一三代成務・一四代仲哀天皇というようになっているが、これは架空の天皇ということである。おそらく「帝紀」には名前があるが「旧辞」には記述がないことから指摘されたのであろう。仲哀天皇につづいて、歴史的にも実在がみとめられている一五代応神天皇は、崇神天皇系とは血統のつながりのない天皇である。大阪平野の河内に大和王朝とはちがった新しい王朝をつくった天皇といわれている。たしかにその出生からして、北九州で生まれた神がかり的な生誕である。

さきにも紹介したように、仲哀天皇が亡くなったのち、神功皇后が身重のからだで新羅に攻めこみ、降伏させて帰還し、北九州の海岸にたどりつくやいなや出産したということになっている。『記紀』によると、仲哀天皇が亡くなって、ホムラワケノミコト（応神天皇）が生まれるまでの期間が一〇ヶ月をこえていたため、ホムラワケノミコトは仲哀天皇の子ではなくて、神の子というふうに記述されている。「応神」という命名も、それに由来するものである。

仲哀天皇にしろ、神功皇后にしろ、すべて記紀の編者の創作である。なぜ架空の天皇や皇后を創作しなければならなかったのか。第一の理由は、応神天皇が北九州の筑紫で生まれたということをうらづけるためであった。そして神武天皇の東征になぞって、応神天皇を大阪平野の難波に東征させ、新王朝を開設させたのである。それにしても、なぜ大和で生まれたということにしてはいけなかったのか。

この架空の神話の仮面をとりのぞくと、崇神天皇系の血統が絶え、新羅の王の皇子をもらいうけて、天皇家の後継者とする必要があったからではないかと推察される。それにしても、皇統一統の天皇制を記述する目的の『記紀』としては、苦肉の策ということなのであろうか。もともと大和朝廷の発生が、九州の筑紫からはじまっているということ自体、江上波夫の「騎馬民族説」と無縁のものとはいえない東アジアの現実があったのではないだろうか。

神話の時代のできごとは、中国の歴史書にもとづいて創設するほかなかった『記紀』の編集者としては、北九州を無視するわけにはいかなかったのだろう。その点、『記紀』の記述を否定して、すべて中国および朝鮮の古書に記載されている記事から、倭王朝の歴史を再点検している人がいる。まったく新しい視点から、日本の古代史をとりあげた本で、古田武彦の『失われた九州王朝』(ミネルヴァ書房・二〇一〇年刊)という、いわば異質の倭王朝論である。わたしも最近目にしたもので、じゅうぶん納得したわけではないが、その観点としては注目にあたいするといえるだろう。次ぎにそれを紹介することにしよう。

魏の『三國志』「倭人」、ぞくにいう「魏志倭人伝」によると、

「倭人は帯方(郡)の東南、大海の中に在り、山島に依りて国邑《こくゆう》を為《つく》る。旧《もと》百余国あり。漢の時に朝見《ちょうけん》する者有り。今、使訳《しやく》の通ずる所三十国なり」

これはほぼ三世紀、魏および晋の時代の倭の状況である。ついで五世紀に書かれた『後漢書』「倭」によると、

「建武中元《けんむちゆうげん》二年、倭の奴国、貢《みつぎ》を捧《ささ》げて朝賀《ちようが》す。使人は自ら大夫《たいふ》と称《とな》う。（倭の奴国は）倭国の極南界なり。光武は賜うに印綬《いんじゆ》を以《も》ってす。
安帝《あんてい》の永初《えいしよ》元年、倭国王の帥升《すいしよう》等《ら》、生口《せいこう》百六十人を献じ、願いて見《まみ》えんことを請う」

建武中元二年は西暦五七年にあたり、後漢の光武帝から印綬「漢委奴国王」の金印をいただいている。その金印が江戸時代の一七八四年、筑前の志賀島の水田の溝から農作業中に百姓が発見している。国宝級の金印がどういういきさつで田んぼに埋められたのか不明である。おそらく倭の奴国に、国が亡びるような重大なできごとがあったのではないだろうか。

ところが、安帝の永初元年（一〇七年）には倭国王が拝賀を願いでている。その間、五十年のへだたりがあるが、建武中元の倭の奴國とは同一の王朝ではないだろうか。古田武彦は『失われた九州王朝』で、「倭の奴國」と区切るのは間違いで、金印の「漢委奴国王」は「漢の委奴の国王」というのが漢語の読み方だという。委奴（いど・ゐぬ）は倭と読むのが正しいので、たとえば匈奴《きようど》という国名とおなじように、倭奴《わど》がこの金印にも使われたのであろう。金印は統一国の国王に与えられるも

のであって、倭国の一部族国である「倭の奴国《なこく》」に与えられるものではない。したがって、建武中元（五七年）の倭国は、安帝のとき（一〇七年）の倭国王と同一の王朝と考えられるのではないかというのが古田武彦の説である。

一四六〜一八九年（中国の桓帝・霊帝の時代）に倭の国内が混乱し、たがいに攻めあって君主がいなかった。そこで鬼道をよくする巫女《みこ》の卑弥呼《ひみこ》が各国の推薦をうけて女王となり、統一国家を形成した。その女王の宮廷が邪馬台国にあり、倭国はそのもとに統一されて九州王朝となる。これは『後漢書』「倭」に書かれていることである。だが『三國志』「倭人」（ぞくに「魏志倭人伝」といわれている）では、邪馬台国は倭国の南のはずれにあるということで、三十国あまりの国を統一した王朝ということは書かれていない。古田武彦は『三國志』よりも『後漢書』の説をとり、邪馬台国を「倭奴《わど》」の統一国家として、博多湾一帯の筑紫を領域とする王国としている。なぜなら『後漢書』を書いた范曄《はんよう》（三九八〜四四五年）の五世紀には、邪馬台国は博多にあって、倭国の中央国家となっているからである。『三國志』を書いた陳寿《ちんじゅ》（二三三〜二九七年）は三世紀の邪馬台国しか知らないので、争乱後に建国されて間もないころのことであろう。古田武彦のこの説を肯定できるのは、倭国が四世紀の後半から五世紀にかけて、朝鮮半島の諸国とひんぱんに交易し、援助と侵略によって強国となっているからである。そのころの奈良地方の大和王朝では、こうした外交は、距離的にも、また船による瀬戸内海から朝鮮半島への交通手段としても考えられない。むしろ、近畿地方の豪族との融和と平定による統一王朝の創世期であったのではなかろうか。

ところが『宗書』南朝の宗（四二〇〜四七九年）の正史に記述された「倭の五王・讃・珍・済・興・武」について、『記紀』では大和朝廷の大王であり、史実としても天皇制としてみとめられている。それにたいして、古田氏は「倭の五王」を九州王朝の国王たちと認定している。もっとも、一字で表記されている天皇はだれかということになると、正史でも確定できず、年々推敲されている。ただ「武」は第二十一代雄略天皇であろうという以外、これといった決め手はない。だがその「武」が、宋の順帝におくった上表文が『宗書』に残っているので、その一部をみてみると、

「……むかしより、祖先がみずから甲冑をつけ、山川を跋渉《ばつしょう》し、……東のかた毛人五十五国を征し、西のかた衆夷《しゅうい》六十六国を服《ふく》し、渡りて海の北の九十五国を平《たい》らぐ。……」

と書かれている。

仮にこれを大和朝廷とすると、「海を渡って九十五國を平らぐ」ということになると、大和から朝鮮半島へ征討して、南朝鮮の諸国を征服したということになる。だが、史実としてはありえないことである。その点、古田武彦は九州王朝の国王が西日本と南九州、そして南朝鮮の諸国を征服したものと断定している。その頃、征服関係を軸として、倭国は南朝鮮諸国へしばしば出兵している。

どうもそのへんのことを配慮すると、九州王朝の外交とかんがえるほうが妥当なのではないだろうか。またそのほか、倭の各五王がすべて朝鮮諸国の軍事権を宋の皇帝に請願していることも、大和朝廷としては必要のないことであったとおもわれる。

そうなると、『記紀』で語られている大和朝廷（そのころは河内王朝）の天皇たち（応神・仁徳）はいったいどうなるのだろう。創作されたとしても、かれらの巨大古墳は今日でもげんとして威容をほこっているのだから、架空の存在ということはないだろう。ただ、それから百年あまりのちに書かれた『隋書』「倭国」篇（五八一〜六一八年）に、また奇妙なことが書かれている。

「阿蘇山という山あり。突然噴火し、その火が天にもとどかんばかりとなる。人々はこれを天然の異変として、そのために祈祷祭祀をおこなう」

という一項がある。この倭国は九州の地にまちがいない。ところがこの『隋書』「倭国」篇の主題は、西暦六〇〇年、推古天皇のときの最初の遣隋使のはなしを記録したものである。それから七年後、倭国王が使者を派遣して朝貢している。そのときの国書に、

「日出ずる処の天子、書を日没する処の天子に致す。恙無きや」

という文を書いて、隋の煬帝《ようだい》をおこらせている。翌年、煬帝は裴世清《はいせいせい》を倭国に派遣している。倭国王は盛大な歓迎をしている。古田氏はこれも九州王朝というふうに解釈しているが、遣隋使は歴史的にも大和王朝の行事として表記されているので、この世紀にはすでに九州王朝は消滅して、大和朝廷が日本国を代表するものといえるのではなかろうか。たとえば、七世紀後半（六九五年）持統天皇九年には「日本」の国号と「天皇」号を正式に認定している。

中国の歴史書『旧唐書』（九四五年）にも「倭国」と並列して「日本」の項目を記載している。このころには、すでに九州王国は大和王国に吸収合併されていたのであろう。そのひとつの目安として考えられるのは、六六三年の白村江《はくそんこう》（韓国南西部）で、唐・新羅軍と百済・倭国連合軍との戦いで、百済は滅亡し、倭国軍は大敗する。二万五千の兵士を千隻の船舶で白村江湾に集結させたが、唐の水軍に壊滅させられ、四百隻が沈没し、残りの船でかろうじて九州にたどりついたということである。第三十八代天智天皇の時代のことだが、兵士と船舶はほとんど九州王朝が調達したものと思われる。なぜなら四世紀以来、暦年にわたって韓国諸国とみっせつな交流をつづけてきた倭国の主体は九州王朝であったから、百済の滅亡はなんとしても避けなければならなかったのであろう。だが、この大敗によって韓国との連帯は途絶し、以後日本の朝鮮への足場は完全にたたれてしまった。それと同時に、大和朝廷と朝鮮半島をむすぶ中継地としての九州王朝の存在感もなくなったといえるのではなかろうか。

倭国は九州王朝を代表するものであるという古田武彦の古代史にこだわってきたが、第四十代天武天皇までの日本の歴史は、いわば神話の時代といえるのではないだろうか。それにたいして、金印とか七支刀、また「倭の五王」の記録など、中国・韓国の対外的な記録によって、日本の古代史をあとづけようとした古田武彦の説には一考の余地があるとわたしは思った。したがって、江上波夫の『騎馬民族説』、直木孝次郎の『三輪王朝と河内王朝』とあわせて、古田武彦の『失われた九州王国』も考慮して、『古事記・日本書紀』に書かれている天皇制を再考する必要があるとかんがえたわけである。かなり概括的な論におわったが、こうした考え方もあるということを紹介してこの項をおわることにする。

五　日本語の構成

大野晋《すすむ》・金関恕《かなせきひろし》の『日本語はどこから来たのか』（岩波書店・二〇〇六年）によると、南インドのドラヴィダ地方で使用されているタミル語がげんざい五〇〇語あまり日本語となっているということである。おそらく紀元前後に、南インドからドラヴィダの人たちが日本にきて伝えたものが残っているのだろう。しかし、ドラヴィダと日本とは七〇〇〇キロの距離があり、どうも陸づたいの伝来ではなく、ちょくせつ船で渡来したのではないかと推定されている。当時は、陸上よりも海上交通のほうが安全で、またはやく移動できたようである。中国語にも朝鮮語にもタミル語の痕跡はみられるということである。だがコトバは、たんにそれ自体だけで伝えられるものではなく、それを使用する民族的な集団による交流と生活によるものである。とすると、家族づれで七〇〇〇キロの距離を航海したわけだが、どうやって日本列島に来たのだろうか。

こうした疑問から、大野晋のタミル語の日本語化は学会ではほとんど認められていない。だが、「日本語の源流」の前半でもみたように、インドネシアやビルマ系の南方語が古代日本語には幅《はば》ひろく影響をあたえているということだから、こうした南方系の伝来を否定するわけにはいかないだろう。

タミル語で紹介されている語彙によると、アゼ（畦）、クロ（畔）、タンボ（田畑）、カネ（金属）、ハタ（織機・布・旗）、オル（織る）など、農業や日常生活用品など当時としては外来の新鮮な用具なので、コトバとモノとは一体となって使われていたのであろう。そうした用具や工法をもたらした人たちとして、南インドの人たちを縄文人もしくは弥生人たちは歓迎したのかもしれない。コトバの使用が、かならずしも民族的な交流によるものとはかぎらないようである。たとえば、江戸時代から使われるようになった、パン・カステラ・マント・トランク・コンペイトウ・コウモリガサなど民族の交流とは関係なく、新しい日本語として使用されている。

その例として、大野晋が指摘するのは、朝鮮語・中国語は紀元前のはやくから日本に伝わっていたにもかかわらず、それが和語として使用されることはなかったということである。紀元後、中国語が使われるようになるが、それは文化語であって、一般の人々が使う生活用語はいぜんとしてむかしながらの和語であった。

本来、和語と中国語は言語体系のまったくちがったコトバである。たとえば「私は学校行く」というばあい、これはすべて日本語である。私・学校・行・は漢字だが、中国語ではない。和語に訳せば「わたしはがっこうへいく」ということになる。どちらが理解しやすいかということになると、一目瞭然である。漢字を使うことによって、音声とどうじに視覚によっても物事を理解することができるからである。しかし、漢字を和語に翻訳するということは決して容易なことではなかった。

たとえば「山」を和語では「やま」というが、中国語では「サン」である。「やま」という和語は「山」という中国語が日本にはいるまえからあったわけだが、物をコトバで表現するまえから存在していたことはむろんである。こうしたコトバの表現はながい年月にわたって造成されたものであり、また民族によってそれぞれ違っていることも当然である。すべてのコトバの背後には、それにそうとうする物自体が存在している。やま・かわ・うみ・また、あたま・かお・て・あし・など、「古極東アジア語」をたどればトルコまでたどりつくのだろうか。むろんそんなことはない。せいぜい紀元前六〜七〇〇〇年まえの縄文人たちの生活用語からはじまったのではないだろうか。いや、もっと時代はさがって紀元前後かもしれない。

コトバの発声について、ある示唆をうけた一文があるので紹介してみよう。

『万葉集』巻一二の二九九一の歌だが、

「垂乳根之《たらちねの》　母我養蚕乃《ははがかふこの》　眉隠《まよごもり》　馬聲《い》蜂音《ぶ》石花《せ》蜘蛛《くも》荒鹿《あるか》　異母《いも》二《に》不相而《あはずして》」

（母親に　蚕の繭のように　守られていて　おもしろくもない　娘に会えなくて）

この歌で、わたしが示唆をうけたのは、「馬聲蜂音」という文字である。文字の意味は、馬の声と蜂の音ということである。ところが、そのコトバは「いぶ」という発声の表現であった。なぜこれを「いぶ」とよむのか、わからなかった。しかし、その後の憶測で、「馬の声」はイヒヒンといい、「蜂の音」はブンブンということから、馬聲を「い」と発音し、蜂音を「ぶ」と読ませたのではないかと判断した。それ以外に関連する事象はおもいつかない。

ともかく、この判断がまちがっているとしても、和語を文字化することの困難さと、当時の知識人のおおらかさとを示唆するものとして、わたしには参考になった。こうした現象は、明治時代になって西洋のコトバを日本語に翻訳した知識人を想定させるともいえる。

比較言語学でもふれたように、一般的に使用される基礎語彙は世界各国で共通のようだが、むろんその音韻や表現は各地方によってことなっている。だが表現される物自体はかわらないので、翻訳することも可能である。「やま」は「山」であり、「あたま」は「頭《ず》」である。ところが、助詞や助動詞、また形容詞になると、それは各国の文体によってその使用はそれぞれことなっている。中国語には助詞も助動詞もない。しかしそれを必要としないような語彙と文体によって、天然自然の美を表現し、人心の機微をつたえている。紀元後、中国語を学ぶことによって、和語の世界がかくだんの進歩をとげたことはまぎれもない現実である。

つぎに、和語とはまったくちがったコトバを日本語化した例をみてみよう。はる・なつ・あき・ふゆ・を中国語では、春《シュン》・夏《カ》・秋《シュウ》・冬《トウ》・という。これらをひとつにまとめた抽象的な語彙が「季節《キセツ》」である。これは和語ではなく、中国語である。だが日本語として現在もつかわれている。こうした語彙は目に見、からだに感じることはできない。いわば思考によって造成されたコトバである。こうした概括的で抽象的なコトバが和語の世界に加わることによって、具体的な現実から一歩ぬきんでた思考の世界を知ることができるようになった。

「季節」とか「歳月」とか「生活」といった抽象的なコトバは、概念という一般的な用語で総括されるが、いわば人類の普遍的な観念である。したがって、中国語から教えられるまでもなく、日本語で造成されていたかもしれない。しかし、目で見、からだで感じられる具体的な現象とちがって、思考によって造成される概念は、いちど確定するとそれを反復することによって、次の概念へと拡大していくことになる。

たとえば「天」という概念は、太陽や月や星空を意味するよりも、人間やあらゆる生物の生存や命運を左右する究極の存在として語られている。中国では「天子」、倭国では「天之御中主神」として種族の思想を生みだしている。「はじめにコトバありき」という『聖書』の宣言のように、コトバは概念を生み、概念は思想を生みだしている。最大の思想は、中国では「論語」があり、倭国では「仏教」が人間の生き方の基本となっている。

日本語の言語も、このへんになると、もはやわたしが語るまでもなく、現代に通ずるものなので、『日本語の空間』（その二）の注釈はおわることにする。

その三　原爆に関するおぼえ書き　1

一　福島第一原発の破滅によって知りえたこと

ほぼ二十数年まえ、わたしは島根県の中国電力原子力発電所を訪問したことがある。そのとき、発電所の案内の人から、原子力発電の燃料は鉛筆くらいの管に、原子核をつめたものを百本ばかり水に沈めて発電しているのですよ、と説明されて、原発とはそんな簡単なものかと、なんの疑いもいだかなかった。むろん、発電と同時に放射能を発生するということは知っていたが、スリーマイル島やチェルノブイリの事故とは関係ないもののようにおもっていた。愚かといえばそれまでだが、それはわたしにかぎったことではなく、当時は大部分の人が原子力発電について、ほとんど無知、もしくは無関心ではなかったのではないだろうか。現在も、よく理解しているというわけではないが、福島第一原発の事故によって、わたしたちの生活と安全に直接関係のあるということがわかった。

そこでまず、原子力発電の燃料から説明してみることにしよう。

原子力発電の燃料となる原料はウラニュウム鉱石で、それが原子核の分裂に使用されている。ただ天然のウラン二三八はそのままでは核分裂しない。だが、ウラニュウムには核分裂を促進させるウラン二三五がふくまれているので、ウラン二三八を原料として核分裂に利用している。ところが、ウラン二三八にふくまれる二三五は、わずかに〇・七％にすぎない。これではウラン二三八を原子力発電の燃料に使うわけにはいかない。そこで、質量のわずかな差二三八と二三五を利用して、遠心分離機によってウラン二三八を濃縮している。それによって、ウラン二三五の割合を三～五％になるように精製する。この混合ウランが核分裂の連鎖反応を生じさせることになる。そのさいに発生するエネルギーによって、原子核を収納している圧力容器内の水を沸騰させる。だいたい摂氏三〇〇度程度に沸騰して生じた水蒸気によって、隣接する建屋のタービンをまわして発電するということである。

原子核原料となる濃縮したウラン混合液は、二酸化ウランに加工したのち、陶器のように焼き固めて、高さ一センチメートル、直径一センチメートル平方の円筒形に加工する。これを燃料ペレットといって、その固形燃料をジルコニウム合金の筒に三五〇個密閉する。この燃料棒が原子力発電の核燃料である。

わたしが中国電力の原子力発電所で、「鉛筆くらいの管」と聞いたものが、この燃料棒のことであったのだということが、いまになってわかった。だが、その後の原発の開発はすさまじいものがある。

この燃料棒は、幅一四センチ平方、長さ四、五メートルの「燃料集合体」に六〇～八〇本が収納されている。それが一号原発に、四〇〇体、二号、三号、四号には五四八体が、厚さ一六センチの鋼鉄製の圧力容器に収納されている。それによって、圧力容器内の水を沸騰させて、約七〇気圧の水蒸気を発生させ、その水蒸気を隣接する建屋のタービンにおくって、タービンを回転させ、その回転によって発電機が電力をうみだすという仕組みが「原子力発電」である。

ウラン燃料の使用量について、ざっと計算してみると、一センチ平方の燃料ペレットは六グラムということである。それを三五〇個つめて、ウランの燃料棒を作成するが、その重さは二・一キロとなる。さらに、その燃料棒を六〇～八〇本にまとめたウラン燃料集合体の重量は一二六～一六八キロとなる。それが一号機で四〇〇体、二号、三号、四号で五四八体使用されているということである。およそ五～七トンのウラン燃料が必要となる。もっとも、最近の原発には八〇〇～一五〇〇体を収納しているということだから、原子力発電に使用されるウラン燃料の原料は莫大なものである。しかも、ウラン燃料の製造は禁止されているので、すべてアメリカからの輸入にたよっている。

原子力発電の燃料の仕組みについての説明はこれくらいにして、つぎに原子核分裂について説明することにする。

原子核の構造について、かんたんに説明すると、原子（物質）は電子（マイナス）と原子核からできている。原子核は中心に陽子（＋）とその周辺に中性子（電気的中性）がとりまいている。たとえばウラン二三五の原子核は陽子（九二個）にたいして中性子（一四三個）であり、合計二三五個の素子からなりたっている。それにたいしてウラン二三八は陽子（九二個）、中性子（一四六個）合計二三八個となり、ウラン二三八に分類されている。

すべての物質はそれぞれ固有の陽子と中性子をもつことによって分類されている。それが原子核の分裂によって、別の物質に転化するということは、原子爆弾の開発まではまったくかんがえられないことであった。原子核の分裂という現象はどういうことかというと、陽子をとまく中性子が一個、原子核からとびだすことによって、安定していた物質の陽子と中性子のバランスがくずれ、まったく別の物質に転化（壊変という）することである。そのさい厖大な熱が発生する。それはむろん原子爆弾で使用されたが、それを原子力発電に利用するようになった。

福島原発の具体的な核分裂についてみてみよう。

原子力発電の燃料であるウラニュウム原料は、ウラン二三八にたいして、ウラン二三五を全重量の三～五％という僅少な含有量にしている。それによって、中性子の分裂（二～三個）を低位度におさえ、そのうちの一個を次の燃料棒におくりこむ。この分裂した中性子が、原子核からとびだすときには超高速（秒速二万メートル）ということで、そのままでは利用できない。それが水の分子と衝突することによって速度が緩和される。その緩和された中性子は、隣接する燃料集合体の原子核に吸収される。それによって核分裂がはじまり、ウラン二三五が壊変して、あらたな核分裂生成物と中性子を生みだす。そして分裂した新たな中性子が燃料集合体からとびだして、つぎの燃料集合体に吸収される。こうしてつぎつぎと核分裂の連鎖反応をおこすことによって、ウラン燃料を収納している圧力容器の水を沸騰（約三〇〇度）させ、七〇気圧の水蒸気をタービン建屋におくって、発電をつづけている。

ウラン燃料の核分裂によって壊変した新たな生成物は、たとえばプルトニウム二三九（放射能の半減期二万四一〇〇年）…セシウム一三七（三〇・一年）…ストロンチウム九〇（二八・八一年）…クリプトン八五（一〇・八年）…セシウム一三四（二・〇六年）…セリウム一四四（二八五日）…バリウム一四〇（一二・八日）…ヨウ素一三一（八・〇二日）…キセノン一三三（五・二四日）等がある（『Ｎｅｗｔｏｎ』…二〇一一年、六月号による）。これらの物質はすべて放射性機能をもっている。したがって、それらが原発施設外にもれないように、厚さ一六センチの鋼鉄製の圧力容器にとじこめ、さらに格納容器で保護し、それを厚さ二メートルの鉄筋コンクリートの建屋に収納している。

ところが、二〇一一年、三月十一日、一四時四五分の太平洋沖地震と十五時四十分頃の津波によって、すべての電源が停止し、原子核発電機能が無秩序の状態におちいった。

たとえば三月十二日一五時三六分、一号原子炉の建屋で爆発がおき、建屋上部の外壁が破壊する。ついで十四日十一時一分、三号原子炉の建屋上部の外壁が破壊、十五日六時ころ、大きな音がして四号炉の建屋が破損しているのがわかった。また二号炉では、同日六時一四分に爆発音がして、建屋ではなく、格納容器内の圧力抑御室が破損したのではないかと推測されている。こうした事故によって、これまで外部にもれることを防いでいた「放射性物質」を福島第一原発の隣接地域に拡散することになった。

現在のところ、あらゆる手段で、これ以上の放射性物質の拡散防止策をはかっているが人為的抑制装置を失ったウラン二三五をはじめ各放射性物質は、自然状態にあっても、本来の放射線の分裂が継続し、高温の状態をつづけている。それは自然現象としての自主的崩壊であって、これを阻止することはできない。ただ水の注入によって、かろうじてその鎮静化をはかっている。しかし、それが安定するには四～五年はかかるということである。

こうした事故がおこるまでの原子炉施設には、人為的抑制力として中性子を制御する施設が設置されている。六〇～八〇本の燃料棒を収納した燃料集合体の四箇所に、十字型をした長さ四、五メートルの制御棒がその底辺に設置されている。制御棒のなかには、炭化ホウ素やハフニウムという原子核の中性子を吸収する物質が挿入されていて、中性子の発生をコントロールしていた。十字型をしているのは、燃料集合体の四つの隙間に挿入するためである。一号原子炉ではこれが一〇〇本設置されていたが、地震と同時にいっせいに浮上して、各燃料集合体を遮断することによって、原子炉内の核分裂の連鎖反応を停止させている。二号機、三号機も同様にして核分裂の連鎖反応は停止している。

ただ四号機は、定期点検のため圧力容器内の核燃料はすべて引きあげられて、燃料貯蔵プールに保管されていた。だが、活性化しない核燃料も、放射性物質の自主的崩壊をしずめるためには数年間の冷却期間が必要であった。ところが、電源の途絶から冷却水の補給ができず、水位が下がって、燃料棒が露出し、その崩壊熱（一二〇〇度）により、燃料棒を構成する被覆管から水素が発生し、空気中の酸素と結合して燃料貯蔵庫の屋上を爆破したということである。

放射能にたいする周到な防禦手段が種々とられていたにもかかわらず、電源の途絶によって原子炉建屋の破壊がつぎつぎと生じて、周辺地区の町村に放射性物質をふりまくことになった。それは予想をはるかに上まわる巨大な津波による電源の途絶にたいして、東京電力をはじめ、政府原子力機関も予見できなかったからである。

二　エネルギーの発生と原理

薪を燃やして灰になるという自然現象が、アインシュタインの特殊相対性原理からみちびきだされた$E=mc^2$という数式に対応するものとして考えてみよう。Eはエネルギーのことであり、mは物体の質量をあらわす。cは光速で、物体が運動しているばあいには速さに応じて運動エネルギーを加えことになる。したがって、薪を燃やして灰になるという静止のばあいには$E=mc^2$＋その他、薪の質量は熱エネルギーと灰もしくは煙という物質に転化するということになる。

なぜこうした話をもちだしたかというと、薪のかわりにウラン燃料を使うわけだが、原子力発電もこの理論$E=mc^2$にもとづいて開発されたという、もっとも簡単で、基本的な原理をまず知っておく必要がある。

薪に相当するものがウラン原料である。ウラン二三五の原子核分裂によって生成した放射性物質の質量からエネルギーをえて、圧力タンクの水を沸騰させている。そしておよそ摂氏三〇〇度の熱水から水蒸気を発生させ、それを次の建屋のタービンにおくって発電機をまわしている。それが国民の生活をささえる電力という重要なやくわりをはたしていたわけである。

ウラン燃料の原子核に中性子が吸入されると、陽子と中性子のバランスがくずれ、核分裂がおこり、ウラン二三五は新たな核分裂生成物に転化（壊変という）する。そのとき生成される放射性物質と中性子の質量の合計は、元のウラン二三五の質量よりもわずかに減少（約〇・一％）している。この減少した質量が、熱エネルギーに変換される。質量をエネルギーに変換できる理論を提示したのはアインシュタインである。その数式が$E=mc^2$である。核分裂で発生するエネルギー（E）は、減少した質量（m）に光の速度（c）の2乗をかけたものに等しいということになる。つまり〇・一％の質量がエネルギーになる。そして、そのエネルギーが圧力容器の水を沸騰させるということである。だが、〇・一％の質量で厖大な水を沸騰させることができるのだろうか。その点、『Ｎｅｗｔｏｎ』二〇一一年七月号によると、ウラン燃料一グラムにふくまれるウラン二三五の核分裂反応で、摂氏二〇度の水一〇トンを沸騰させるという記録があるという。そういう実証があるのなら、たとえ〇・一％の質量でも、圧力容器のウラン燃料集合体の核分裂にともなうエネルギーは厖大なものとなるだろう。たとえば福島第一原発一号機の例をあげると、三〇〇トンの水を沸騰させて、摂氏二八〇度の水蒸気を約七〇気圧に圧縮し、タービン建屋におくって発電していたということである。

原子炉内でこうしたエネルギーを連続的に発生させるために、運転中のウラン燃料の核分裂によってとびだす二～三個の中性子の一つを、次のウラン燃料集合体の原子核に吸入させて、核分裂を継続させるという現象を「核分裂連鎖反応」という。それによって、圧力容器の水を連続的に沸騰させ、発電をつづけるわけである。ところで、中性子の連鎖反応は人為的に操作する必要があるので、核燃料集合体のあいだに設置されている「制御棒」を、タービン建屋の操作室から作業員がコントロールしている。

非常に効率のよい発電だが、核分裂の性能には限界があって、ウラン二三五の三〜五%の核燃料はおよそ三年から四年で新しい原料と取りかえなければならないということである。また、その使用ずみ核燃料を冷却して、その放射性崩壊が安定するまでに、さらに四〜五年の年月がかかる。福島第一原発の場合も、四号機で保管していた使用ずみの核燃料棒が冷却水の欠乏のために発熱し、収納している筒のジルコニウム合金と水蒸気とが反応して水素が発生し、水素爆発をおこすという事故がおこった。

素人考えでは、燃料棒もしくは燃料集合体が核分裂によって一〇〇〇〜二〇〇〇度以上に発熱し、それによって圧力容器内の水を沸騰させているのではないかとおもいがちである。わたしもそう思っていた。原子核の分裂はウラン熱料が高温で分解して、そのままエネルギーになるものと思っていたからである。だが、燃料棒は核分裂で生じた放射性物質を閉じこめているが、発熱体ではない。むしろ核分裂によって生じた中性子を放出して、他の燃料棒にうけわたすというはたらきをしているにすぎない。ただ、原子核の分裂は、同時にウラン燃料を新しい放射性物質（たとえばセシウム一三七とかバリウム一四〇）に転化（壊変）させるわけで、そのさい転化しなかった質量m（〇・

一%）がエネルギーとなって、燃料棒から電磁波をだしている。その電磁波によって、圧力容器内の水の分子をはげしく摩擦する。この水分子の摩擦によって、圧力容器の水を沸騰させているのであって、電磁波そのものが水を沸騰させているわけではない。

これは『Newton』二〇一一年七月号によって得た知識だが、それ以前に、わたしは「電子レンジ」（家庭用電磁器）の使用によって、電磁波による水溶液の加熱という操作をおこなっていた。これは一般家庭では普通のことで、その原理についてとくにかんがえたことはなかった。そのときコップなど水分のないものはまったく熱くならなかった。これは電磁波そのものが加熱するのではなくて、電磁波によって水の分子を摩擦することによって、水自身が発熱するということであった。この「電子レンジ」の原理とおなじように、原発の水も電磁波による水分子の摩擦によって沸騰しているわけである。それにしても、ウラン燃料の〇・一%の質量がエネルギーとなって電磁波を発生するということは信じがたい現象である。だが、質量がエネルギーになるというアインシュタインの$E=mc^2$原則にしたがう必然の結果であるという以上、わたしが疑うわけにはいかない。

そこで『Newton』に記載されている資料を紹介すると、「ウラン燃料一グラムに含まれるウラン二三五の核分裂反応で、摂氏二〇度の水をおよそ一〇トン沸騰させることができる。原子力発電では、核分裂で発生するエネルギーの三〇〜三五%を電気エネルギーにかえることができる。火力発電では、燃料を燃やした熱エネルギーの四〇%程度を電気エネルギーにかえられる」

ということである。こうした実績がある以上、〇・一%の質量によって圧力容器の水を沸騰させているということを疑うわけにはいかないだろう。ところで、電磁波のはたらきとは別に、いまひとつ注目しなければならないことがある。それを簡単に紹介してみることにする。

それはなにかというと、ウラン原料の原子核分裂によって、九九・九%の質量が核分裂生成物に転化(壊変)するということだが、その後どうなるかということである。前ページの『Newton』とおなじ資料によると、ウラン二三五の原子核が分裂して、たとえば二種類の放射性物質(セシウム一三七とルビジウム九五)に転化したのち、放射線を放出して、つぎつぎと別の放射性物質に転化している。この現象を「放射性崩壊」というが、各放射性物質の放射能には半減期があって、それによって崩壊する期間がちがっている。最終的には放射能のない物質として安定するわけだが、それが数時間で安定する物質もあれば、何百年もかかるという物質もある。その各物質名にかんしては、わたしは詳細を知らないが、ここで注目しなければならないことは、「放射性崩壊」にともなって発生する「崩壊熱」である。圧力容器内の水中にある場合は、三〇〇度程度だが、冷却水がなくなった場合は一五〇〇~二〇〇〇度になって、燃料棒を破損するということである。そのために、事故後、東京電力をはじめ、政府が原子炉および使用済み燃料貯蔵庫の注水に全力をあげているわけである。

これはエネルギーを発生する電磁波とは性質を異にする現象である。「放射性崩壊」は原子力発電にとっては最大の難点である。そのために原発を廃止するという世界的な要望がたかまっている。

ここらで福島第一原発についての説明はおわることにする。本来、原子力発電について語るほどの知識もなく、また放射能の被害のおよんだ地域の現状が広島・長崎の原爆放射能被害と類似しているのではないかということから、福島原発事故についての関心があり、概略を記録したわけだが、この原発事故の解析で、原子爆弾についてわたしの知らなかったことがかなりわかったので、その点について、次にふれることにする。

三　広島投下の原爆について

まず、最初にわたしが驚いたことは、原爆の原子核原料であるウラン二三五の使用量が八〇〜八五%であるということである。わたしは一〇〇%のウラン二三五が使用されたものと思っていた。

一九四五年六月、ウラン二三五を一六キロ製造したことを陸軍省の長官に報告している。それまでなんどもウラン二三五の精製をこころみたが、原子核を瞬時に分裂させるような製品はできなかった。そのためウラン二三五を原子爆弾の原料とすることはできなかった。陸軍省への報告は、それがようやく核爆発が可能な純度にまで精製することができたことによって、原子爆弾の製作が可能になったということであろう。

だからわたしは、一〇〇％の純度のウラン二三五が製造できたものと思っていた。そしてとうぜん、広島に投下された原爆は一〇〇％のウラン二三五であると信じていた。それが八〇～八五％ということなので、なぜなのだろうかという疑問が生じ、わたしなりの判断で推理することにした。原爆の核原料については、国際法上の秘密事項として、確固とした説明資料があるわけではない。だが、たまたま福島第一原発の事故によって、ウラン二三五の精度についての記録をよんでみて、リトル・ボーイ（広島投下の原爆）の経過を再考することになった。このさい、わたしの推理を記録しておくことにする。

一九四五年七月二十六日、重巡洋艦によって、原爆の機体がテニアン島に運ばれている。今まで、重巡洋艦インディアナポリスによって運ばれたということについてはなんの疑問もかんじなかった。だが、今になって考えてみると、一般の輸送船ではなくて、軍艦によるというところに、原爆にたいしてアメリカ政府当局がいかに重要視していたかが察せられる。むろん当時の状況で、日本の潜水艦による輸送船の撃沈ということはなかっただろうが、軍艦による輸送ということは特別なとりあつかいである。もっともインディアナポリスは、テニアン島からフイリッピンへ巡航して、七月三十日、日本潜水艦によって撃沈されるという皮肉な結果となっている。

ついで八月二日、大型航空機によって、原爆の核原料が運ばれている。その目撃手記によると、ものものしい警備のなか、運びだされた貨物があまりに小さいのにおどろいたという記事がある。たしかに、航空機の発着で、ウラン二三五の原子核が爆発するというようなことはないとしても、核原料の放射能による自主的崩壊はさけられない。そのために、放射線をふせぐ厳重な包装と、大型航空機による無人の空間が必要だったのかもしれない。いずれにしても、原爆にかんするアメリカ政府の取りあつかいは、慎重で、また最重点事項であったものと思われる。

テニアン島にはほぼ二〇〇〇人たらずの自給自足的な第五〇九混成部隊が常駐していた。ほぼ一年まえ、原子爆弾投下のために、各部署から選抜された将兵たちである。むろん航空兵だけではなく、民間人から原子爆弾の開発と製造に従事していた科学者や技術者の専門家も招集されていた。つまりテニアン島は、原子爆弾投下のためにもうけられたアメリカ政府の特殊機関のような存在であった。したがって第五〇九部隊は、アジア太平洋戦略機関である陸海軍の司令官マッカーサー元帥やニミッツ提督の指揮下には属さなかった。また、原子爆弾の開発と投下についても、投下の直前まで、陸海軍司令部に、公式にはなんらの啓蒙も指示もなかったようである。

原爆投下の要員たちに、「原子爆弾」ということばと、七月十六日、ニューメキシコ州アラモゴードではじめてプルトニウムの原爆実験をした映像について説明したのは、投下二日前の八月四日ということである。原子爆弾という世紀の爆発物にたいする防諜対策は完璧をきしていた。

一説によると、テニアン島には将官と兵士が一七六七名工学関係の技術者若干名で構成され、B

29一五機をそろえ、ウラニュウム原爆とプルトニウム原爆とを搭載して、日本本土空爆への出発にそなえていたということである（J．L．MARX著「長く険しい道」越智道雄訳…一九七二年七月、文化評論出版社による）。

ウラン原爆は長さ三メートル、長径〇・七メートル…重量四トンであり、プルトニウム原爆は長さ三・五メートル、長径一・五メートル、重量四・五トンである。これをB29に搭載するために、後尾の機関砲をのこして、機体からいっさいの武器や装備をはぎとり、原爆を収納する広い空間と重量の軽減がはかられている。また搭載するために、地下に原爆を設置して、その上にB29の機体をはこび、チーエンで原爆をつり上げて格納するという方法が用いられたようである。

B29は、原子爆弾の重量をかかえて、日本までの二四〇〇キロを往復するために、さまざまな改良がくわえられたということである。

リトル・ボーイを搭載したエノラ・ゲイ号は八月六日午前二時四五分にテニアン島の北飛行場を飛びたち、午前八時一五分広島に原爆を投下して、午後二時五八分に無事に帰島している。広島投下は計画予定より一七秒おくれたという厳正なものであった。ところが、ファット・マンを搭載したボックス・カー号は八月九日午前三時四九分にテニアン島を飛びたち、さまざまなトラブル（『安藝文学』七九号掲載）にまきこまれ、午前一一時二分長崎に原爆投下して、午後〇時三〇分沖縄の読谷《よみたん》飛行場にかろうじてたどりつくことができた。その緊迫した状況を紹介してみよう。

…「機長！燃料計がゼロです。もうこれ以上飛べるかどうか……」と、クアレル（機関士）のどなる声が聞こえ、その言葉を強調するかのように、右の外側のエンジンが急に不規則になり弱まっていった。

「第三エンジンのパワーを上げろ」と、（スウィニー機長は）アルバリー（副操縦士）にどなった。

これはうまくいった。しかし、長い低空滑空をしながらの着陸進入や、翼をふって滑走路から戦闘機を避難させたりする時間の余裕はもうない。胴体着陸しか道は残されていない。スウィニーは滑走路の中間付近に目標を定めた。

「とにかくキリモミになる前に、こいつを着陸させなくちゃ……」

ところがいまだに飛行場は彼らに気づいていない。スウィニーはフレッド・オリビィとバン・ペルトに命じて、このような緊急事態用の色である赤と緑の発火信号を打ち上げさせた。なおつづけて四回打ち上げたが、地上の動きにはなんの変化もなかった。

「管制塔応答せよ！」と彼は叫んだ。こちらボックス・カー、ボックス・カーより読谷飛行場へ、メーデー！　メーデー！……」だが、管制塔が他の飛行機と交信しているのが聞こえるだけで、彼らには気がついていないらしい。

「メーデー！　メーデー！」なんどもくり返し呼んだが答えはない。極度にいらだってスウィニーは「畜生、沖縄の野郎め！　管制塔のまぬけやろう……」

それでも返事がないのをみてとると、スウィニーはふたたびオリビィとバン・ペルトに命じた。

「おい、発火信号を打て！」

「どれにしますか」と、オリビィが聞いた。

「全部だ、全部！　残っているのをみんなやれ！」

ヨタヨタと飛んでいるB29から、めちゃくちゃな信号が花火のように光ったので、さすがに地上も気がついて、びっくりした。「被害甚大」「火災発生」「機内に死傷者あり」「燃料尽きぬ」「不時着用意」等々を示すさまざまな色の信号が二〇本一度に空に輝いた。効果はてきめんだった。滑走路からは、あっという間に飛行機が退避させられ、消防車と救急車が滑走路に向かっているのが機内からもわかった。

彼らはいま、高度二〇〇〇フィート（約七〇〇メートル）のところにいる。

「降りるぞ！」と、スウィニーは操縦桿をまえに倒しながらアリバリーに言った。「荒っぽいから、踏んばっているように皆に言え！」

速度は毎時一四〇マイルで着陸時より三〇マイルほど速すぎた。機は滑走路の真ん中あたりで、ゆうに二五フィート（約八メートル）ほど空中にバウンドしてから、着陸した。その瞬間、外側のエンジンがはずれ、機は急に機首を左にむけ、滑走路のわきのＢ24の列のほうに向いた。スウィニーはすばやく、最近に備えられた逆回転減速用のプロペラのスイッチをいれ、非常ブレーキをかけた。すると、機は機首を正しくむけて、スピードも落ちた。停止したのは滑走路のはしからわずか三メートルほどの地点だった。……

以上は、（フランク・W・チンノック著『ナガサキ──忘れられた原爆』小山内　宏訳、一九七一年新人物往来社発行）からの引用である。長崎に原爆を投下した「ボックス・カー」号が、かろうじて一時帰還した沖縄読谷《よみたん》飛行場への着地の状況である。テニアン島に帰着したのは、その夜の午後一〇時三〇分であった。

「ファット・マン」は一時、海中投棄するか、自爆するかの危機にみまわれている。まったく知らないことだった。小倉への投下ができなくて、長崎に投下されたということは知っていたが、それはほとんど航空燃料からして、最後の手段であったようである。では、広島に投下した一号機「エノラ・ゲイ」はまったく問題がなかったのだろうか。

じつは、広島に投下されたウラン二三五の質量が八〇～八五％であったという、福島第一原発事故の関連記事から、「エノラ・ゲイ」の場合も「リトル・ボーイ」の空輪と投下は非常に微妙なものであったということがわかった。

ウラン二三五は自然の状態でも「放射線崩壊」をおこしている。その性能のゆえに、原子爆弾構成の基礎となった元素である。それが一〇〇％ということになると、ちょっとした振動または衝撃によって、原子核分裂をひきおこすかもしれないという危険があった。おそらく八〇～八五％というのは、それを避けるために実験のうえでたしかめられた最終的な数字であろう。それ以下では、瞬時に核分裂の連鎖反応をひきおこすことはできないので、原子爆弾とはならない。これはむろん、わたしの推測にすぎないが、原爆の仕組みと構造は現在でも極秘の資料であって、公開されることはない。

原子爆弾という、世界ではじめてのこころみである広島に投下された原爆が、理論的には完成していたが、実際の使用で成功するかどうかは、かなり微妙なものであったらしい。テニアン島の司令部では、原爆投下成功の電文に歓声をあげ、互いにだきあってよろこびあったという記事がつたえられている。

わたしが広島原爆投下を危惧の念で再考するようになったのは、福島の第一原発の事故以後のことである。

福島の事故以前に、長崎へ原爆を投下したスウィニー機長の『私はヒロシマ、ナガサキに原爆を投下した』を読んだとき、リトル・ボーイ先端部のウラン二三五にたいして、後尾のウラン二三五の背後には高性能の火薬を装備することになっていたが、それをじっさいに装備したのは、広島へむかう飛行中のことであったと書かれていた。そのときには「おや？」という軽い疑問はおぼえたが、その重要な行為についてはとくになんとも感じなかった。だが、ウラン原発の質量が八〇〜八五％のウラン二三五を搭載していたという記事から、ウラン原子爆弾がいかに危険な核分裂爆発物であるかを知ることによって、「エノラ・ゲイ」の原爆管理者が高性能火薬の装備に慎重をきしたことがわかった。

「エノラ・ゲイ」号の原爆管理責任者パーソンズ海軍大佐は、オッペンハイマー博士（原爆製造にかかわった責任者）の助手であり、原爆開発の最初から関係していた人である。したがって、ウラン二三五の特質である「放射性崩壊」についての危険性はじゅうぶんに心得ていたものとおもわれる。「リトル・ボーイ」をB29に搭載するまえに、原爆の後尾に高性能爆薬をつめる空間をもうけ、その空間をとじる扉には鋼鉄製の鉄板をボルトで固定するようになっていた。パーソンズはB29がテニアン島の北飛行場をとびたつまでは、爆薬の挿入はさしひかえていた。そうでなくても、リトル・ボーイの前部と後尾に搭載しているウラン二三五が離陸の振動によってどう反応するかという微妙なときでもあった。むろん実験によってたしかめられていたことではあろうが、その結果によって、ウラン二三八に含有する二三五の割合が八〇〜八五％という数値になったのであろう。だが、一九四五年六月のウラン二三五の精製から、八月はじめの広島原爆投下までの短時間では、じゅうぶんな実験はできなかったのではないだろうか。

ともかく、重量四トンのリトル・ボーイを搭載して、八月六日午前二時四十五分、エノラ・ゲイはテニアン島の北飛行場を飛び立ち、午前三時に最終起爆装置（高性能火薬）のとりつけに着手し、十五分で完了する。そして投下すれば爆発するための「赤プラグ」を挿入したのは、午前七時三〇分（これはテニアン時間で日本時間では六時三〇分）ということで、投下まえ二時間ということである。そして二四〇〇キロの距離をとんで広島の上空にたどりつき、午前八時一五分にウラニュウム爆弾を投下した。午後二時五八分、無事にテニアン島にかえったわけだが、それはまったく危険で、冒険的な作戦であった。その間、高性能火薬を飛行中にリトル・ボーイの後部に詰めこみ、ボルトで鋼鉄の扉をとじるという重大な作業をおこなっている。

四　核分裂と電磁波

リトル・ボーイの核分裂は、後部のウラン二三五が先端部のウラン二三五に激突することによって、先端部に用意されていた中性子を原子核が吸入し、核分裂がはじまる。分裂した原子核からは新たな中性子が二〜三個とびだし、幾何級数的に増幅して次の原子核に吸収される。こうして次々と原子核の分裂による連鎖反応が生じて、核爆発がおこるわけである。これが原爆の原理だが、それを説明すると、いかにも時間を要したようにおもわれる。だが、高性能爆薬に点火して、四十三秒後に後部ウラン二三五が前部のウラン二三五に激突して原子爆弾が臨界（連鎖反応）状態にかわるのは数千分の一秒ということだから、ほとんど一瞬の現象である。

これまでわたしは、広島に投下されたウラン二三五の原子核が爆発（物理的に不可能）して、すべてエネルギーに転化し、ヒロシマを壊滅させたものとおもっていた。ところが、福島第一原発の事故から、原子核が爆発によってエネルギーに転化するのではなくて、核の分裂によって、ウラン燃料（二三五と二三八の混合）が二〇数種類の核分裂生成物に転化するということを教えられた。したがって、圧力容器内の水を加熱するのは、核分裂生成物に転化しなかった質量がエネルギー（$E=mc^2$）となって水を沸騰させるということである。なんとその質量はわずか〇・一％であるという。ウラン混合燃料の九九・九％は原子核の分裂によって、新たな核分裂生成物となるわけである。いかにも効率のわるい現象だが、それでも火力発電にくらべると格段に安価な発電ということらしい。

そこで、問題は広島投下の原爆のことだが、リトル・ボーイの原子核分裂による爆発もまた、ウラン二三五の原子核が核分裂生成物に壊変するという現象である。それは科学の原則にしたがうものだから疑うことはできない。二〇キログラムのウラン原料が〇・一ミリ秒のうちに分裂壊変するために、原爆は超高温・超高圧の異常な状態となる。『広島・長崎の原爆災害』の記録によると、爆発直後には数百万度の高温となり、〇・一ミリ秒後に半径一五メートル、摂氏三〇万度の等温火球になるということである。その火球の表面と空気とのあいだに鋭い圧力の壁が形成され、衝撃波が発生する。それが爆風もしくは爆圧となって、半径二キロの周辺部を圧倒し、家屋を破壊し、人体を殺傷した。これが爆発後一〇秒間の原爆の状況であった。

こうした状況が発生したのは、むろんウラニュウム原子核の分裂による核分裂生成物への壊変現象である。原子核が爆発してエネルギーになるという原子核の消滅は、物理現象としてはありえないということである。ただ、核分裂生成物と中性子の質量との合計は、ウラン二三五の質量よりもわずかに減少（〇・一％）している。この減少した質量がエネルギーとなって広島を壊滅させたということらしい。質量がエネルギーに変換するという原理を数式（$E=mc^2$）であらわしたのは、最初にも紹介したようにアインシュタインである。

だがそれにしても、広島の被害から考えると、わずか〇・一％の質量の壊変による被害とは納得しがたい。かつて広島・長崎の原爆について記録した文献で、こうした記録を読んだことがない。むろんわたしも、福島の原発事故の解明によるまでは知らないことだった。それにしても、広島・長崎に投下された原子爆弾が、原子核分裂の原理にしたがって爆発したということは否定しがたいことである。

そこで、『広島・長崎の原爆災害』（一九七九年岩波書店刊）をもう一度読みなおしてみると、広島・長崎の原爆のエネルギーは高性能爆薬ＴＮＴに換算して二〇キロトンに相当すると書かれている。

その後の調査で、広島原爆のエネルギーは高性能爆薬一二・五キロトン、長崎は二二キロトン前後と推定されている。このTNTの爆薬を、広島原爆に適応すると、ウラン二三五の核分裂エネルギー一キログラムの臨界量に相当するということである。

これまでわたしは、長い間、この資料から、広島原爆に使用されたウラン二三五は一キログラムだと思っていた。だが、核分裂をおこす中性子の臨界は、ウラニウム原料が二〇キログラム以上でないと瞬間的核分裂（中性子による幾何級数的連鎖反応）は生じないということなので、広島原爆も二〇キロ以上のウラン二三五が使用されたものと推定される。ところが『広島・長崎の原爆災害』によると、「広島原爆のエネルギー」はその二〇キログラムのウラン二三五のうち、エネルギーとなって広島市を壊滅させた熱線・爆風・放射線は約一キログラムにすぎないということである。それを計算すると、二〇キログラムの〇・〇五％ということになる。そうするとこの事の記録は、ほぼアインシュタインの原理に適合した原子核の壊変を記録したものであったということになる。福島の原発事故まで、わたしはこの本の記録がそうした原理をふまえたものとは知らなかった。もっとも、高性能爆薬の爆発には、電磁波にともなう熱線や放射線はふくまれていないから、原子核分裂の被害と同一視するわけにはいかない。それにしても計算上では一九七九年、すでに発表されていたわけであるだが、そのことを指摘するものは誰もいなかったし、わたしも単なる数値として読みすごしていた。

結局、原子爆弾といっても、原理的には破壊力が主体ではなく、原子核の分裂による陽子と中性子の数値の変化によって、別種の物質に転化する現象のことである。破壊力はそれにともなう二次的な現象で、分裂のさい転化しなかったウラン二三五の質量がそのまま爆発のエネルギーとなったわけである。『Ｎｅｗｔｏｎ』の資料によると、原子核の質量がエネルギーとなるのは、通常〇・一％ということである。福島の原発事故の解説を読むまで、わたしはそれを知らなかった。

ところで、広島の原子爆弾について再考してみると、ウラン二三五の核分裂によって新たな放射性物質が発生しているはずである。だが、それについて今日までまったく知らされていない。ただ、わたしたちが教えられたことは、核爆発の二次的作用として残留放射能が残存しているということであった。むろんそれもたしかに発生したことはまちがいない。だが、原子核の分裂という現象は、物質の基本的な性質（電子…中性子…陽子の数値）をかえることである。福島の原発にかぎらず、原子力発電は燃料となるウラン原石から二〇数種類の放射性物質を生成することが確認されている。そのために、原子力発電にたいする国民的な反発が生じているわけである。

では広島原爆の場合、どんな放射性物質が発生したのか。発生そのものを知らされないくらいだから、それにたいする記録も発表もないのではなかろうか。ただ、戦後まもなく、七〇年間は広島に住めないという新聞記事を読んだ記憶がある。それが科学的な記録であるという印象よりも、アメリカ軍事力にたいする宣伝効果のようにうけとっていた。それはわたしにかぎらず、新聞記者たちもそう感じていたのではないだろうか。たとえば、「カンナの芽が五センチも伸びた」とか「爆心地に雑草が生えた」とか、まったく見当ちがいな記事を読んだ記憶がある。放射能の被害については、九月になってから知らされたようにおもうが、とにかく原爆の記事にかんしては、アメリカ軍が厳重な検閲をしていたことは、当時の中国新聞の記者から聞いたことがある。

それはともかく、原子爆弾の原子核分裂によって、放射性物質が生成したことはまず間違いない。福島第一原発事故の場合、北北西の風にのって、大熊町…双葉町…浪江町（二〇キロ内）…葛尾村…飯館村（三〇キロ以上）へと放射性物質が飛散している。広島原爆の場合、北西の風にのって西広島地区から佐伯郡いったいに降りそそいだ「黒い雨」が、それ（放射性物質）ではなかったかと推定される。だがその調査も記録もまったくない。戦後六〇数年たった現在ではその手がかりとなるものはなくなっている。

「黒い雨」はむろん、原子爆弾の二次的現象だが、直接被爆した広島市内の放射性物質の存在も、まったく無視されたまま現在にいたっている。わずかに、直接被爆者と残留放射能の被害者については、原爆医療という面で調査がつづけられているが、原子爆弾の核分裂については、もっと基本的な放射性物質の調査する必要があったのではないだろうか。もっとも、開発にかかわったアメリカの科学者たち自身が、その時点では発生する放射性物質については未知だったのではないかと思う。とにかく、当時のアメリカの科学者をはじめ政府関係者にとって、原子爆弾によって大量殺傷ができるかどうかが最大の目的であったことはまちがいない。

広島原爆にともなう放射性物質について、福島第一原発の事故にともなう発生を参照すると、ウラン二三五が核分裂して発生した放射性物質の代表的なものはヨウ素一三一とセシウム一三七である。それが大気中にもれて福島地区を汚染したわけである。どういうふうに汚染したかというと、放射性物質から放射線の粒子がとびだして人体や植物を傷つけるわけだが、その粒子は四種類ある。ひとつは「アルファ線（ヘリウムの原子核）」…「ベータ線（電子）」…「ガンマ線」…「中性子線」ということである。

ところが、原爆の場合、放射性物質のほかにもうひとつ「電磁波」が発生している。たとえば「X線」や「ガンマ線」である。原爆が人体に広い範囲で障害をおよぼしたのは、これら周波数の高い電磁波である。電磁波による障害についてはまったくふれることがなく、これまで赤外線による熱傷というふうに解釈されてきた。これはさきにもふれたように、「電子レンジ」の使用まで、わたし自身知らないことであった。だが、福島の原発事故によって、圧力容器の水を沸騰させたのは電磁波によって水の分子を摩擦したことによるものであるということを教えられた。その原理にしたがうと、ヒロシマ・ナガサキの火傷といわれるものが、実際は火熱によるものではなく、核分裂にともなう電磁波によって、血液または体液の摩擦熱による障害ということになる。

原子核分裂の実感を知ることによって、これまでまったく触れられていなかった原子爆弾の被害について、わたしの理解できる範囲内で説明することにする。

五　ヒロシマの電磁波

まず原爆火球の形成からみてみることにしよう。ウラン二三五の後部と先端部が激突することによって、中性子の吸入と分裂が幾何級数的に増大し、ウラン二三五の原子核が壊変する。原子核の転移にともなう数百万度の高熱と高圧によって、爆弾の素材をはじめ、爆弾の構成要素はすべて電離気体となる。それはただちに〇・〇一〜一〇nm（ナノメートル…nm＝一〇マイナス九乗メートル）の短い波長の電磁波を放出する。その時点では空白の瞬間で、ほぼ〇・一ミリ秒（一万分の一秒）後に、半径一五メートル、三〇万度の等温火球となる。このときには火球は光としては見えないが、一五ミリ秒後に火球外部の空気にふれて高温が下降することによって、内部高温の火球が見えるようになるという。この時点を消散点といい、人々に「ピカ」と呼ばれる原爆投下の瞬間を認識させることになる。そのときの火球外気温は一、八〇〇度で、これを最低点としてふたたび上昇し、爆発後〇・二秒後には七、七〇〇度となり、一〇秒後に火球の光輝は消える（『広島・長崎の原爆災害』による）。

これらの記録は二〇数年まえに読み、なるほどと納得していたはずである。それはわたしにかぎらず、原爆に関心のある人は、たいてい眼をとおしているはずである。ある著名な知識人が、爆心地から三五〇メートルの三井銀行の石段に腰掛けて亡くなった預金者を、おそらく消滅したのではないかと書いているのを読んだことがある。なるほど、彼が座っていた花崗岩の石段は高熱によって赤褐色に変色していたが、座っていた部分だけは元のままであった。永年放置されて色あせたが、現在も原爆資料館に保存されている。

ところが一〇数年まえ、暁部隊の原爆死傷者収容の記録を読んでいると、被爆翌日、紙屋町の銀行のまえで死者を収容したという記事が書かれていた。それが三井銀行の石段の死者かどうかはわからないが、花崗岩の表面がはがれたり、変色したりする高熱にもかかわらず、死体は正常であったのではないだろうか。

なぜこうした事例をとりあげたかというと、核分裂にともなう高熱と、わたしたちが一般に火熱といっている酸素燃焼の熱とはまったく性質が異なることを理解するためである。これまで、「電子レンジ」（家庭電磁気）使用によって、熱の種類がちがうことは気づいていたが、それは家庭電器のささいな技術的現象というふうに理解していた。ところが、福島の原発事故によって、二〇トンの水を沸騰させる高温が酸素燃焼による加熱とはまったく関係なく、核分裂の電磁波によることを教えられ、広島の原子爆弾の高熱もまた、わたしたちの従来の知識では知りえないものであることがわかった。

いまひとつ、極端な例をしめすと、爆心地の瓦の表面が溶解している状況は、三、〇〇〇～五、〇〇〇度以上の高熱によるものといわれている。ところがそのそばに紙一枚をおいたとしても燃えないのではないだろうか。なぜなら、瓦や大理石を溶融させる高熱は電磁波であって、紙を燃やす酸素燃焼熱ではないからである。むろん実験したわけではないが、たとえば太陽熱に紙面をあてても燃えることがないのは、太陽熱もまた電磁波だからである。この点を明確に理解していないと、原爆の熱線をあびた人が、赤外線による熱傷というふうに誤って診断され、油薬をぬるなど、ずさんな治療によって、すべての被爆者を苦しめたことを忘れてはならないからである。その点、原爆の被害は最初からやりなおさなければならないわけだが、それにしてもあまりに時間がたちすぎている。

こうした知識から、原子核分裂によって発生する熱原（電磁波）と、一般の爆弾や焼夷弾による家屋の焼失とは、基本的に相違することも知らなければならない。と同時に、家屋の焼失は原爆とはかかわりなく、倒壊した家屋の残り火による焼失という、従来の空爆とおなじような現象もある。それを今日まで混同して伝えていることについて、このさい学者をはじめ、ジャーナリストの面々に、きびしく自制し、資料を再読してもらいたいとねがっている。むろん、わたしのかんがえも浅薄で、おもいつきということも多分にあるが、原爆にかんして発言することはこれが最後とおもうので、誤解を承知で思い切って発言することにする。

六　被災についての再考

焼失という面から、「原爆ドーム」についてみてみることにしよう。多くの原爆記述が、投下と同時に、一瞬にして炎上したと書いている。なにしろ爆心地から一六〇メートルの近距離にあり、数百万度の火球が、一瞬ではあるが覆ったという記録から、それは当然かんがえられることであった。わたしもそれを疑ったことはなかった。ところが、原爆ドーム（元は産業奨励館）が発火して燃えはじめるのを目撃していた人がいて、その方の証言によると、ほぼ一時間後に燃えはじめたということである。

その方は野村英三という人で、当時四七歳、爆心地から三五〇メートルの近距離で被爆しながら、戦後も二〇数年健在であった。最初の証言は『原爆体験記』（広島市原爆体験記刊行会編…一九五〇年に刊行されて倉庫に保管されていた体験記を、朝日新聞社が一〇年後に再発行）に発表されたものである。

野村さんが無事だったのは、たまたま地下室に書類を取りにおりたとき原爆が投下されたからである。建物は元安橋の西詰、現在は平和公園の入り口にあって原爆観光センターの案内所となっているが、当時は広島県燃料配給統制組合の本部で、鉄筋コンクリート三階建ての頑丈な建物だった。

そのせいか、近距離被爆にもかかわらず、三七名の職員のうち、男四名、女四名がどうにか建物から脱出して、相生橋のなかほどから分離しているT字橋のたもとの埋立地までのがれ、そこから元安川へおりる石段にひとまず腰をおろしている。その川向こうが産業奨励館（原爆ドーム）である。

野村さんの証言によると、一時間後、三階の窓枠から燃えだしたということである。なぜ窓枠か、長いあいだ分からなかった。九〇〇〇度の火球（原爆資料による）に包まれた状況では、ビルの室内の家具が着火するものと思われるところが、窓枠の火災から室内へと燃えうつったと野村さんはいっている。まるで逆の現象である。

野村さんのほかにも、産業奨励館が燃えはじめたのは午前十時頃ではないかという人がいる。中沢秀吉さんで、一〇時すぎに横川から相生橋の東ぎわ、産業奨励館のそばまできて、中島町（現…平和公園）へはいる隙をうかがっていた。だが中島はいちめん火の海でとても入れそうにない。そばの産業奨励館はそのままの姿で立っているが、天井から火を吹いている。電車通りをへだてた商工会議所もなかからぼうぼうと炎を吹いて燃えている。熱いので、商工会議所の裏土手から逃げだした。

いまひとり、奥田秀吉さんは九時すぎころ、八丁堀から相生橋のそばまできて、中島へ入ろうとしたが、狭い慈仙寺の通りは家がペシャンコにくずれて、火の手があがっているので、とても通れないとおもって、元安橋から入ろうとかんがえ、相生橋から産業奨励館の横のとおりにむかった。

奨励館はまだ燃えていなかった。橋ぎわの変電所のあたりに、看護婦らしい女たちが十二、三人焼けこげて倒れ、奨励館のまえにも四、五人ある。みんな着衣が焼けたり、脱げたりして、裸どうぜんになり、身体が赤っぽい色になっている。元安橋の橋ぎわと、中ほどに、制服をきた若い人が倒れている。ズボンとゲートルがまつわりついている。若い訓練兵だなとおもって通りすぎ、煙でさきのはっきりしない中島の本通りに入る。

以上二人の警告は『原爆爆心地』より要約したもので、昭和四十四年…日本放送出版協会より出版されている。

三階の窓枠から燃えだしたという奇妙な現象について、その後、種々の手記や記録を読んでいるうちに、原爆の火災は酸素燃焼とは違って、電磁波によるものであり、その電磁波による火災は水分を加熱することによって生じたものではないかと思うようになった。たとえば、汽車や電車の枕木がほぼ三十分から一時間すぎに燃えはじめている。むろん、だれかが火をつけたわけではない。また周囲の火災から転火したものでもない。考えられることは、被爆によってうけた火熱が塗装してある油脂を熱して燃えはじめたのではないかということも考えられる。『広島原爆戦災誌』によると「放射線熱」によると書かれている。だが、それにしては三〇分ないしは一時間後に着火するということはありえない。放射線は電磁波の一種なので、結局、原子核の分裂にともなう電磁波によって、木質の水分摩擦による発火ということになるのではなかろうか。いうなれば、「電子レンジ」とおなじ原理で加熱し発火したと考えるほかない。ずいぶん飛躍した判断だが、原爆にしろ原発にしろ、原子核の分裂という現象は、原子の壊変という科学的原則にしたがうものであり、電磁波による枕木の燃焼も、アインシュタインの$E=mc^2$という科学的原則にしたがったものとして理解してよいのではなかろうか。

いまひとつ、わたしが直接聞いた体験談を紹介してみよう。

それは爆心地から三・八キロメートルばかりはなれた東照宮の火災である。東照宮は広島駅から二キロの東練兵場をへだてた二葉山の山中にあり、標高も三〇メートルあまりあって、周囲の火災とは完全に遮断されている。その境内の石段のふもとで、原民喜の一家が被爆後三日間を過ごしたことが『夏の花』に書かれている。

東照宮の二代目の奥さんの話によると、被災して逃げてきた人たちが境内まで上がってきて、助けをもとめたので、母は主人と二人で救護に専念していた。一時間ばかりして、ふと西の回廊のほうを見ると、桧皮葺の屋根が燃えていた。まさか街の火が飛んでくるとは思いもよらなかった。とにかく消火のために、主人とふたりで、バケツに水をくんで燃える火にかけた。それほど大した火災ではなかったので普通なら消えるはずだったが、水をかけると逆に燃えひろがっていったという。何度も水をはこんでかけたが、回廊からだんだん本殿のほうに燃えうってきたので、大事なご神体などを運びだすのがやっとだった。それにしても、なんともふしぎな火災であったということである。

二〇数年もたって、東照宮が再建されたのちの話だったが、そのときには火災の原因も延焼の状況も、わたしは理解できなかった。それが理解できたのは、さらに四〇年ものちのことである。言うまでもなく、五七〇メートルの上空で炸裂した原子爆弾の電磁波が一直線に東照宮の檜皮葺に突きささって、一時間後に発火したものと考えるほかない。（註、『広島原爆戦災誌』の東照宮の罹災記とはかなり違うが、あえて記載することにした）

こうした現象は長崎の原爆でも生じている。

長崎市の中島川河口にある長崎県庁が焼失して、その一帯の家屋が延焼し、午後八時半ころに鎮火したという記録がある。旧長崎市街地の焼失はこれっきりで、ほとんど無傷であった。ところで、県庁は爆心地から三・三キロメートルの地にあり、七階建のビルで、爆風でガラス窓はこわれたが、建物は健在であった。各階には職員がいて、火災の気配もなかったという。それが焼失したのも理解できない現象である。発火はビルの七階にある物置小屋から燃えはじめたということである。しかも被爆後、一時間半しての着火である。

同じような現象が、二・三キロメートルの長崎駅の焼失にもみられ、発火の時刻も県庁と同時刻に炎上している。また長崎市役所角の電柱の先端部分だけが燃えるという奇妙な現象もあったという記録がある。

広島のウラン二三五の原爆も、長崎のプルトニウム二三九の原爆も、原子核の分裂という爆発現象の経過は、ほぼ同じであったものとおもわれる。以上は、建物における電磁波の影響だが、次にそれが人体におよぼした影響についてみることにしよう。

七 被爆者への影響

通常の爆弾とちがって、原爆は放射能という危険な障害を人体におよぼす。だが、それとおなじように、熱傷という傷害で多くの被爆者を苦しめた。

それは最初にも言ったように、これまでは赤外線による火傷というように診断されていた。たしかにピカッという強い光線を肌にうけたことはまちがいない。だがそれによって、皮膚が焼けただれ、衣服が燃えるということはなかった。なぜなら、それは強力ではあるが、高周波の電磁波だからである。被爆者のおおくの証言によると、〝熱い〟という意識もほとんどなかったという。ただ一瞬の異常な事態に無我夢中で、とにかく逃げるということしか考えなかった。

ところが、広島市の作成した『広島原爆戦災誌』の土木建築科の調査によると、爆心から六三〇メートル以内は数秒間二〇〇〇度の高熱であったということである。戸外にいた人は高圧と強烈な放射線や熱傷によって、ほとんど亡くなっている。おそらく、この高熱と高圧は核分裂のさいに発生した物質の壊変にともなう高熱・高圧の余波ではないだろうか。ともかく、それにともなう悲惨な記録は、建物疎開のために六〇〇メートル以内の市内に動員されていた県立第二中学校や市立女学校の低学年の生徒たちが全員死亡していることでも明らかである。それを目撃し、瀕死の重傷者に水を飲ませた人の記録があるので紹介してみよう。

河野静樹（五十三歳）さんで、木挽町《こびき》（現…原爆資料館および記念館一帯）で河野製作所という機械の修理工場を経営していた。八月六日の朝、中国塗料株式会社（吉島本町…爆心地から二キロメートル）の工場のモーターをとりかえる仕事を請けおっていたので、自転車で出掛けた。被爆はモーターをかついで、工場の石段を上がりかけたとき、ズドーンという轟音とともに石段の横にころげおちた。工場の瓦屋根がおちかかってきたが、石段横の隙間で下敷きになるのをのがれた。さいわい左足と背中に軽傷をうけただけで助かった。そこを這いだして、元安川の川土手にでてみると、千田町から吉島の飛行場のほうに大勢の人が逃げ出している。

みんなハダシだった。「それがみんな、ものひとついわず……だまって、逃げてくるんで、どうしたんじゃろう……おかしいのうとおもったですよ」

それで、自分の家の様子を見にいかねばとおもって、元安川の土手をさかのぼって、住吉橋から太田川の本川にでて河原町に向かった。どこの家もグニャリとねじれて、くずれている。

西村という大きな醤油屋のまえから川土手の下におりてみると、川原にたくさんの人がいた。排水管のなかにもぐりこんで、じっとしている人や、材木によりかかって動かぬ兵隊、また帽子もかぶらず、服をはだけてボーッと突ったった者、川のなかに首を突っこんだ兵隊のすがたもみた。

「おかしい……兵隊がどうしたんじゃろう」

と、いぶかりながら歩いて、新大橋（現…平和大橋の上流三〇メートル）のそばにくると、派出所がねじれている。お巡りさんのすがたも見あたらない。そばのタバコ屋で飼っていたニワトリが、羽が一本もなく、丸裸になって、あっちこっちに転がっている。おかしい、タバコ屋がどうして羽をぬいたのか。とにかく家にもってかえって、焼いて食べてやろうとおもって、そのニワトリを拾って新大橋をわたった。そのときには、まだ自分の家は残っているものとおもっていた。

橋をわたって、すぐ角の風呂屋のあったあたり、見ると女学生がずらっと、向こうの通りまで並んで倒れ、苦しんでいる。

「おかぁちゃーん……苦しいッ……。水ッ、水をちょうだいッ、と苦しんどった。ひどいもんじゃった。

ああァー、気がどうてんして、なにをどうしたか……。ニワトリを放りだして……そうや、あれは鉄管からやった。こぼれとった水を汲んで飲ましてやった。うつぶせに、はあ死んどった生徒もいた。あっちこっち……服がボロボロになっとって……顔や唇がはれあがっとったが、目え閉じて、肩でホーッ、ホッと息ついていたもんもあった……」

たくさんの女学生で、「ありゃあ、五〇〇人ぐらいも死んどったろう」と河野さんはいう。ふと、足もとに男の人がはってきて、

「市女じゃーッ。市女の教頭じゃッ。医者を呼べーッ。医者を呼んでくれーッ……助けてを呼んでくれ」

というので、初めて市女（広島市立第一高等女学校）の生徒が遭難したのを知った。

「市女のあの先生は、なんとやら自分の名いうとったが……はあ忘れてしもうて……苦しいッ、水をッいうので飲ませたが……、そりやもうむごいもんじゃった……」

そのときは、だれ一人歩く人の姿もなく、手のくだしようがなかった。自分の家のことが気になり、誓願寺から家の近くまで入ったが、そこへ来ると、

「ホーッ、ホーッと息が吸うより出るほうが多い。苦しうてへたってしもうた。あれがガスのせいじゃったろう」

このままでは、死んでしまうと怖しくなり、引っ返したが、たしか九時か一〇時のあいだ

だったが、

「どこも火は燃えちゃおらんかった。家がみんなねじれ、バタッとくずれ、人のすがたは一人もなかった。静かじゃった」

引っ返す途中で、今朝、一足さきに、次男の豊（十四歳）が二中（県立広島第二中学校）の動員で、千田町の広島電鉄の車輌修理工場にでかけていたのに気づき、新橋（現：平和大橋を通って千田町へ行った。

壊れた工場にはいって、「河野ッ、河野はおらんかあーッ。河野豊はおらんかあーッ」とおらんだ。すると一人の生徒が、「おーい河野。おとうさんが来とるぞ」と呼んでくれた。

豊が体にほうたいをまいて出てきた。無事らしい。

「豊、うちへ行こう。おかあさんのところへ行ってみよう。行ってみんか」

といって、手を引っ張って出た。子どものほうが足が早い。先にかけ出したが、しばらくすると「行かれんよ」と引っ返してきた。あっちこっち、むごい格好で人がたおれて死んでおる。気持ちがわるいらしい。若いので、無理もなかろうと思い、工場にかえった。昼すぎだった。そしてその晩は、そのまま車庫にあった壊れた電車のなかに泊った。

以上は、日本放送出版協会発行の『原爆爆心地』一九六九年七月刊からの引用である。河野さんはＮＨＫのテレビで放送された「よみがえる爆心地」をみて、翌日、放送局をたずねてきて、体験を語ってくれたということである。そのとき河野さんはすでに七十六歳で、体も不自由で、舌のまわらぬ語り口で、ポッリポッリとおもいだしながら話してくれたということである。

いままで多くの体験記を読んできたが、河野さんのように当時の修羅場をたんたんと語った記事を読んだことがない。二十三年の歳月がたったということもあるが、それよりもむしろ、河野さんの誠実で、冷静なひとがらによるものという印象が感じられる。多くの体験記が、被爆の状況を阿鼻叫喚の描写によって伝えているが、それは記憶の誇張で、実際は無言のまま、逃げるというよりも無意識のまま、人々の流れに従ったというのではないだろうか。それは日常生活が、一転して異常な世界に転化したことによる虚脱の精神状態であった。河野さんの静かな語り口は、まさにその虚脱の世界と同質の無色の情景をほうふつとさせる。しばしば被爆者が「地獄のような……」と表現するが、それはまさしく河野さんが見た無色の情景、あるいは「死の世界」にほかならない。みんな無言のまま、無意識のうちに行動したものとおもわれる。

「直撃弾をうけた……」というふうに感じたという人の記録もあるが、およそ爆撃とは状況がことなり、日常の時間がたちきられた瞬間は「空白の時間」というのが象徴的な現実である。ほとんどの体験談が、後日の記憶や他者の著作による借りものであることはやむをえない。被爆者の体験談を後世に伝えるという貴重な作業がつづけられているが、空白の時間を記録することは不可能なことをふまえたうえで、知識として記録されたものということを知っておかなければならない。

次に、多くの被爆者を苦しめた熱傷について説明してみよう。

被爆当日の唯一の写真である、松重美人氏の御幸橋西詰（千田町三丁目…爆心地から二・二キロメートル）の臨時治療所で、応急手当をうけている広島女子商業学校や県立第一中学校の生徒たちの後ろすがたが写っている。そのなかの一人、中学生の背中の皮膚が腰までたれさがっている写真がある。それが皮膚とは一〇数年間、わたしは知らなかった。ただ、背中がむきだしなので、シャツがぬげて、腰にたれさがっているものと思っていた。いまでも、写真をみて、それが皮膚かどうかはわからない。それが皮膚であることを指摘したのは、写真をとった松重氏である。シャツかどうかは、写真を現像した段階でわかっていたとおもうが、それを口にすることはなかった。いや、松重氏自身も信じられなかったのではないだろうか。

「皮膚がむげて、シャツのようにたれさがる」

そんなことは、聞いたこともないし、見たこともない。だが、おおぜいの被爆者が市中から郊外に逃げだしている情景を見た人たちの証言が発表されるようになって、両手を腰のあたりまで上げて退避する人の手先に、手袋のように皮膚がたれさがっていることを語るようになった。

そのひとつ、『原爆体験記』（一九六五年…朝日新聞社発行）のなかの、「黒雨をついて」益信之君の一文を引用してみよう。

楽々園を過ぎ、五日市を越え、井ノ口村にさしかかった。家の窓ガラスのこわれているのが目につく。井ノ口を通りすぎようとしたとき、友人が、

「あれはなんだ、あれは……」

と叫んで、私の肩をたたいた。まだ、むらむらとひろがっている雲を注視していた私は、トラックの前方をみた。瞬間、私はアッと声をあげた。トラックに乗り込んでいるものは、みな不安と恐怖の面持ちで、世にもあわれな行列をながめた。ぞくぞくとあとをたたないで、宮島方面へ歩いていくその行列は、男と女の識別ができない。衣服は油じみて、ボロボロに破れている。両手をあげたシャツのあいだからダラリと皮膚が垂れさがり、髪はザンバラで、とくに目をひくのは、異様なまでに印象にのこる火傷のあと、来るもの、会うもの、両手をあげている。顔といわず、足といわず、泥まみれの皮膚が垂れさがり、いまにも倒れんばかりにヨチヨチと歩いている。この世にあらわれたお岩の列、右側も左側も被災者の群れ。私たちの健全な身体を見て、うらやましそうにしている顔の表情がチラッとあらわれる。

益君は工業学校二年生（十六歳）、学徒動員で、被爆時には爆心地から一五キロメートル先の佐伯

郡宮内村の軍需工場にいた。この手記は、広島市の募集で、被爆五年後に書かれたものだが、そのまま市の倉庫に保存したあったものを、朝日新聞社が発掘して、一〇年ぶりに出版されるという珍奇な経過をたどった体験記である。「爆心地に生き残る」という野村英三氏の手記も、この『原爆体験記』に書かれたものであることはさきに紹介したが、その後に書かれた多くの体験記とはちがって、この体験記は被爆直後の生々しい記憶がよみがえる貴重なものである。

手の皮膚がむげて、垂れさがった被爆者のすがたは、この他にも、郊外から市内にはいる人たちが目撃している記録が数多くある。いまひとつ、皮膚剥離の記録に、顔面が風船のようにふくれあがった被爆者の状態をつたえる手記も多々ある。そのひとつ、わたしの知人で『安藝文学』の同人の手記があるので、それを引用してみよう。

原爆が投下された日の午後、建築資材受領の手続きのため、大手町の市役所付近にいた人が、上半身を熱線で焼かれて、私の家に避難してきた。土建業をいとなんでいた父の親しい人で、私は父の指示で、その人を自転車で海田町の自宅まで送ることになった。午後一時か二時ごろである。

市中はさかんに燃えていたが、すでに最盛期はすぎて、火勢はおとろえつつあつた。江波（爆心地から三・八キロ）の私の家から、海田町まで約八キロはある。むろん市の中央は通れない。私は半壊した自分の家をあとに、本川の土手を上流にむかって、川ぞいに、彼をうしろにのせた自転車を一心にこいだ。市街地からこちらにむけて、避難者のむれが三々五々と来る。みな負傷者ばかりで、なかには丸くなって転んでいる人もいる。風は海から吹くので、市中の白煙はもうもうと湧きあがり、いつもみている可部の山は煙につつまれてまったく見えない。

さいわい、途中で、本川のなかに浮かんでいる陸軍の上陸用舟艇にであった。聞くと、市の中央は熱気で通れないので、宇品まで人を運んでいるという。頼んで乗せてもらう。乗船者はみな負傷者ばかりで、気の毒で見ておれない。

私は宇品に上陸すると、負傷者のむれのなかにはいった。そして、送ってきた人に、水をあげようとおもって、腰の水筒をわたしながら、ふと彼の顔を見た。皮膚は焼けただれ、赤身が一部あらわれている。唇は紫色に変色し、体液が唇をつたって胸に流れている。彼は、舟に乗っているあいだに、様相が一変し、さらに弱り、立っているのがやっとになった。

死期が近い！

私はギョッとする。彼の顔の皮膚がやぶれて、顎のさきにぶら下がった。私は驚いて、水筒を彼の手からひったくり、さきに飲んでしまった。

無惨！　私は鬼だ。若くて思慮に欠けていた。あのとき、たとえ水筒の口は汚れ、体液が流れこむとも、元気な私はのどのかわきを我慢すべきであった。彼は体も弱りはて、自転車の荷台につかまっているのがやっとになった。そのころになると、朝から熱気のなかを走った自転車がパンクした。つんのめった彼を、パンクした自転車に伏せた状態で乗せ、片手で彼をささえ、平衡をたもちながらガタガタと海田町をめざして歩いた。ついに力つき、彼とともに路上にへタリこむ。はや、力も限界だ！

ここで私は一生の悔いをのこす。意識のなくなった彼を置き去りにした。私ひとりの力では、もはやどうすることもできない。あたりに頼れる人もいない。たまに出会う人は、みな負傷者か女で、女は髪をさばき、幽霊のごとくまえを通る。

私はブラブラになった彼を、路傍のはしに引きずっていき、レンガの破片を枕にした。この人は死ぬ！　私はそばに両手をつき、彼の焼けただれた体を見、無念で涙ぐむ。申し訳ない。家まで送れない。海田町も近いというのに、あなたの住所もわからない。

私は笑い！　彼を叩いて、ついに号泣する。意識のなくなった彼から住所を聞くすべもない。疲れはて、ヨロヨロと立ちあがり、帰路についた。早く帰らねば家で心配する。月はおち、あたりは暗くなった。私はパンクした自転車を片手にし、自己の無力を嘆き、ふらふらと歩いた！

『安藝文学』七六号（二〇〇八年六月発行）「衣服は燃えて」香口真作氏のエッセイである。氏は八十歳あまりで、六三年まえの原爆体験記を書いたのである。同人会では長くつきあっていたが、氏が被爆者であることは知らなかった。また原爆の話もしなかった。それは多くの被爆者にみられる内心への沈潜である。この一文をみて、氏としてはやはり思い出したくないことであったのだと思った。

それはともかく、露出した皮膚の損傷は、松重氏の写真、益君の観察、そして香口氏の記録などから、原爆傷害の特異な現象であることがわかる。

皮膚脱落についての説明で、多数の記録が「熱線」によるものとしている。『広島・長崎の原爆戦災』では「赤外線」による傷害とされている。当初、わたしもこの説を信じていた。だが、その記録と被爆者の体験記とはだいぶ相違していた。ほとんどの被爆者が「熱い」とは感じていないにもかかわらず、数時間後に皮膚が膨張して、はげおちるという現象がおこっている。たしかに、一、〇〇〇メートル以内の被爆者は服が焼けるとか、髪の毛がもえるとかということはあったようである。それは原爆の炸裂による「熱閃光」による傷害とされている（『広島原爆戦災誌』）。

皮膚脱落の原因を、熱線…赤外線…熱閃光というように、いろいろに語られているが、いまのところ、これという定説はないようである。それにたいして、わたしは「電子レンジ」の使用によって教えられた電磁波によるものという仮説をたてた。どういうことかというと、皮膚とその下の筋肉をおおう真皮とのあいだの「体液」が、電磁波による摩擦によって、真皮が熱傷したのではないだろうか。それは電子レンジの電磁波による水の加熱とおなじ現象ではなかろうか。その真皮の熱傷をいやすために、全身の体液が熱傷した皮膚のもとにあつまるという生理現象かおこっている。その集散した体液によって、真皮と皮膚との剥離がおこっている。皮膚がはげおちるまでにはかなりの時間がかかるということである。

皮膚の脱落以外にも、被爆者の証言で、「水を下さい!」という悲痛な叫びがしばしばかたられている。それはたんに「暑さによる、のどの乾き」というよりも、電磁波による体液の補給という生理的ものではないだろうか。

この仮説を、わたしが確信したのは、福島第一原発の解説によって、原子核の分裂にともなう電磁波の発生である。その電磁波が圧力容器の水を沸騰させて、電力を生みだしているということである。原子爆弾もまた、原子核の分裂よるエネルギーへの転化である。したがって、放射線とともに、電磁波が被爆者をおそったことはほぼまちがいない。『広島原爆戦災誌』によると、これを「放射線熱」と解釈している。たしかに電磁波は放射線の一種である。レントゲン線…ガンマ線も電磁波であり、周波数のちがいによって分類されている。ただ、ガンマ線やレントゲン線は光子として瞬間的に通過して消滅する。それが身体の機能に障害をもたらしたということはなかったのではないだろうか。だが中性子線はガンマ線やレントゲン線とはちがって、粒子として地上にふりそそぎ、永続的な被害をおよぼしている。そこで、次に放射能についてみてみることにしよう。

八　放射能について

電磁波によるレントゲン線やガンマ線が光りの一種であるのにたいして、質量をもった物質の壊変によって発生する放射線は粒子である。放射能とは放射線をだす能力のことで、原子核の分裂によってウラン二三五から壊変して生成した放射線の種類について分別してみることにしよう。

まず「アルファ線」という放射線はヘリウムの原子核が高速で放出したもので、紙一枚でも通過できない。つぎに「ベータ線」は原子核をとりまく電子が高速で放出したもので、これも薄いアルミ板で遮蔽されるということである。

この二つの放射線はいずれも透過力が弱いので、原爆の爆発直後に空気中の酸素や窒素に吸収され、地上にはとどかなかっただろうといわれている（『広島・長崎の原爆災害』による）。

原爆による放射能で、もっとも危害をおよぼしたのは「中性子線」である。中性子線は核分裂によって放出された中性子のもつ放射能で、透過力が強く、地上に到達した中性子線は土地や植物を放射能化する。むろん人体の細胞も中性子線によって破壊される。さらに厄介なことは、放射能化した物質が半減期にいたるまで、放射線をだしてつづけることである。これを残留放射能というが、これらの放射線はすべて粒子として存在して、樹木や農作物、海水などを汚染している。

このほかに、光の一種である放射線として「X線（レントゲン線）」と「ガンマ線」がある。
以上の分類は、原子力発電にともなう放射線の発生状況から、原子爆弾の放射線を推理したものだが、原爆がウラン二三五の原子核分裂によって発生した放射線であるから、原発の発生と同じものとかんがえられる。もっとも原爆の場合、核分裂とともに、一瞬、厖大な高熱と高圧が発生し、電磁波は二、〇〇〇メートルの周辺部にまでおよんでいるが、放射線もまた高速で伝播したことは、赤十字病院（爆心地から二〇〇〇メートル）のレントゲンフイルムを変質させたという記録からも知ることができる。

わたしはこれまで、原子爆弾はウラン二三五の原子核が爆発によって、熱線と爆風となり、広島市を壊滅させたものと理解していた。むろん放射能の障害も知っていたが、それよりも爆風と火災と熱傷による傷害は広島の被爆者にとっては直接の身体的現象であった。また災害記録や被爆者の手記でも、それを如実につたえている。ところが福島の原発事故によって、原子核の爆発ということは物理的にありえないということを教えられた。では原爆の爆発とはいったいどういうことになのかという疑問が生じた。原子爆弾は、通常の爆弾が火薬の爆発によるものであるのにたいして、原子核が使われたというのがわたしの知識であった。その原子核が爆発しないということになると、爆弾そのものが成立しないということになるのではないか。

アメリカ政府が二〇億ドルの経費と、三年間の製作に専念した原子爆弾が、そうしたあやふやなものであるはずがない。それはなにかの間違いではないかという疑念は、福島の原発事故の解説まで、わたしは理解できなかった。

では福島の原発事故でなにがわかったかというと、原子核は爆発するのではなくて、分裂するということであった。爆発とどうちがうかというと、爆発して原子核がすべてエネルギーとなるのではなくて、分裂とは原子核の陽子が分裂して違った物質になるということであった。たとえば、ウラン原子核の陽子は九二であるが、分裂して核分裂生成物となって、ヨウ素一三一となり、その陽子は五三となる。またセシウム一三七となった核分裂生成物は陽子が五五となる。核分裂によって、ウラン原子核の陽子がおよそ半数近くになるということである。またすべて放射性をそなえているので、これを放射性物質という。

その実例として、ウラン二三五の原子核が中性子を吸収して分裂し、放射性物質となる種類が二〇種以上あるということだが、ここでは『Ｎｅｗｔｏｎ』二〇一一年七月号の資料によって、四種だけ紹介してみよう。

ひとつ（放射性物質）は、セシウム一三七とルビジウム九五とに分裂する。そのルビジウムは〇・四秒でストロンチウム九五になり、さらに二四秒でイットリウム九五となり一〇分でまた別の物質に変わるということである。その間、放射線をだしつづけ、最終的には放射性のない安定した物質になる。

いまひとつの放射性物質は、ヨウ素一三一とイットリウム一〇三とに分裂する。イットリウムは〇・二秒でジルコニウム一〇三となり、一・三秒でニオブ一〇三となり、一・五秒で別の物質に変り、放射能のない物質となる。

なお、セシウム一三七がつぎの物質に変わるのは三〇年後であり、さらに年月を要するので、その崩壊は省略する。また次のヨウ素一三一も八日で変わり、さらに十二日で変容し、キセノン一三一で放射性のない安定した物質に変転するということである。こうした放射性物質の崩壊が残留放射能の実態である。崩壊して安定するまでは放射線を出しつづけている。福島の原発事故による放射性物質も、すでにかなり減退していることになる。

ウラン燃料のこうした複雑な壊変は原子力発電の例だが、原爆の場合も、ウラン二三五が一瞬で分裂（壊変）して、放射性物質となる現象は同じものと推定される。だが、発表された資料はない。ただ、残留放射能とか、「黒い雨」といわれるものが、ウラン二三五の壊変した放射性物質であることはほぼまちがいないだろう。

いま四種類の放射性物質を紹介したが、その物質がどういうものかを知る必要はない。ただ、ここで紹介した二種はほんの数分で放射線をださない安定した物質に転化するが、三〇年とか一〇〇年にわたって放射線を出しつづける物質もある。

放射性物質による健康被害で、世界の注目をあびたのは、チェルノブイリ原発事故で、ウクライナのベラルーシの子供たちが六〇名、ヨウ素一三一の放射能によって、事故の四年後に甲状腺ガンになったことである。

福島第一原発の事故では、ヨウ素一三一やセシウム一三七が大気中にもれて地面に降下し、ほうれん草や米作、また牛乳など、食料品を汚染した。そのために、その地区の住民が居住できなくなり、他地区に避難している。しかし放射性物質を除去して、ふたたび住めるようになるかどうかはわからない。

ところで原爆の場合、放射性物質の存在そのものが未知数であった。むしろ、その歴史的時点（一九四五年）では、発生さえも探知されていなかったのではないだろうか。一九五五年以降、アメリカでは広島型原爆に準じた核実験の資料によって、オークリッジ国立研究所で、被爆者がじっさいにうけた線量を推定する研究がつづけられた。そして一九六五年、距離別の暫定線量が発表されている。

日本では一九六二年、爆心地からの距離におうじた建物の鉄筋から中性子線量の測定がおこなわれている（『広島・長崎の原爆災害』）。遅きに失した観はあるが、放射能はまったく新しい物質の性質なので、その研究に手間取ったのはやむをえない。だがそのあいだに、放射能におかされた被爆者はつぎつぎに倒れていった。

放射能の人体にたいする影響を最初に手がけたのは仁科芳雄博士である。博士は八月八日の夕刻、輸送機で広島の吉島飛行場に到着し、翌日からトラックに乗って焼けあとを巡回し、ひきつづき宇品の船舶練習部医務室で、十三日まで人体の傷害についての調査を実施している。そのときの様子を陸軍主計少佐、木村経一氏がつたえているので要約してみよう。

仁科博士が、「外観上、損傷のない、新しい屍体を解剖したい」と申しでられた。中国軍管区は爆心地にあったので、将兵の死傷者はもっとも多かった。そのなかから、外観上損傷のない屍体をえらんで提供した。

若い将兵の屍体で、無傷のために美しいようにさえ感じられた。手術衣をつけた博士はすばやく解剖をはじめられた。メスが一寸動いたとおもう間もなく、すぐに内臓が目にはいった。博士はびらんした内臓を手でもちあげ、

「わかりますか、これは間違いなく、原子爆弾による内臓の破裂です」

と周囲の人々に宣言するように申された。仁科博士ら調査団は、さらに数体の解剖を実施されたとおもうが、私は第一回目の解剖がおわると同時に、医務室をとびだした。われわれ被爆

者も、やがてあのような運命をたどるのかとおもうと、とても耐えられない気持ちであった。

仁科博士を中心とする陸軍参謀本部の、この調査報告は、本土決戦をもくろむ軍部によって黙殺され、発表されなかった。まもなく敗戦となったので、おそらくこの調査報告は機密事項とて焼却されたのではないだろうか。こうしたことから、貴重な被爆の実態は、長いあいだ国民には知らされなかった。

次に、原爆の被害について調査し、パンフレットにまとめて、各地の知名な医者に配布した人は、東京大学の都築正男博士である。一九四五年十一月のことである。この調査には、熱線・風・放射能の被害のほかに、「放射性毒ガス」という項目があった。これをマッカーサー司令部が探知して、配布されたパンフレットをすべて回収し、都築博士には「放射性毒ガス」の項を削除するように命じた。だが、博士はこれを拒否したため、東京大学教授から追放されるという弾圧もあった。

結局、原爆の被害は、一九五二年の講和条約の発効まで、日本国民には知らされなかった。そのために、被爆者はひそかに、ひとり苦しむという状況が、一九五七年の「原子爆弾被害者の医療等に関する法律」が施行されるまでつづいた。その後の原爆医療については、すでにさまざまに語られているので、この項では省略することにする。ただし、都築博士の放射能症の分類はわかりやすいので記載しておくことにする。博士の研究によると、四期に分類してある。

第一期（早期）―八月六日から十九日まで、原爆直後から第二週のおわりまでで、死者の一〇分の九まではこの時期に死んでいる。

第二期（中期）―八月二十日から十月上旬まで、前半期には全身の衰弱から不良な予後におちいるものが多かった。後半期になって放射能症の続発がみられるが、大部分は回復の徴候を示すようになった。

第三期（晩期）―十月上旬から十二月上旬まで、放射能による血液および内臓諸臓器の機能が回復する。ただし男女生殖器に顕著な障害があらわれる。

第四期（後期）―十二月上旬以後、五ヶ月を経過して人体への主な影響はほぼ去ったが、前半の障害の後遺症が残った。

これらの調査資料は被爆前期のもので、放射能の障害は今日にまで及ぶという生態破壊の傷害である。「原爆症」として、いまなお政治的な問題となっているが、それらの諸問題について、わたしはここで触れるつもりはない。わたしがこの項で書かなければならないと思ったのは、核分裂によって壊変した放射性物質が広島の場合、どうなったのかということである。

チェルノブイリをはじめ、福島第一原発の放射能汚染地区の状況からみて、被爆後の広島にも住んではいけない放射能汚染があったのではないだろうか。一九四五年八月二十四日の毎日新聞に、

「広島・長崎は今後七〇年間、草木はもちろん一切の生物は棲息不可能である」という記事を掲載している。それにたいして、九月八日、来広したアメリカ原子爆弾災害調査団の軍医大佐が「根拠のない愚説である」と地元の中国新聞記者の質問に答えている（『広島原爆戦災誌』）。

いまになって推察すると、毎日新聞の記事はたんなるデマではなく、学術的な裏付けがあったのではなかと思われる。

わたしも一九四五年十月上旬から、広島市民となっている。住んだのは、向洋…五日市などの郊外だが、学校は市内だった。それで特に体調が悪かったという自覚はなかった。わたしにかぎらず、現在、ほとんどの広島市民に放射能の影響はみられない。これはどういうことなのだろうか。被爆広島には放射性物質は残留しなかったのだろうか。

むろんそんなことはない。学術書によると、初期放射線には、アルファ線、ベータ線、ガンマ線、中性子線がある。アルファ線は核分裂しなかったウランやプルトニウムから発生し、ベータ線は核分裂生成物から放出される。ただしアルファ線とベータ線は空気中での透過力がよわいので、地上までは届かなかった。したがって、人体や動植物への影響は、ガンマ線と中性子線である。この両放射線は、爆発で放出された全エネルギーのおよそ三％を占めるということである。

しかし、放射線の推定線量は容易にはえられなかった。その暫定線量が提示されたのは、二〇年後の一九六五年、アメリカのオークリッジ国立研究所によってである。やや煩雑だが、貴重な資料なので、だいたいのところを要約して記述することにする。

爆心の放射線量　　　ガンマ線　一〇・三〇〇rad
　　　　　　　　　　中性子線　一四・一〇〇rad
爆心地から五〇〇m　ガンマ線　二・七九〇rad
　　　　　　　　　　中性子線　三・一五〇rad
同じく一、〇〇〇m　ガンマ線　二五五rad
　　　　　　　　　　中性子線　一九一rad
同じく二、〇〇〇m　ガンマ線　一・九rad
　　　　　　　　　　中性子線　〇・五rad

むろん広島投下時の放射線量ではない。一九五五年以降、アメリカにおいて広島原爆に準じた核実験によって検索されたものである。発表された線量は空中線量で、事物や人体への照射は、ガンマ線で二分の一、中性子線で十分の一程度に減衰するということである。だいたい即死者のあびた放射線量は四〇〇～五〇〇radではないかと推定されている。

radという線量単位について説明すると、一レントゲン線は〇・九五radに相当する。だが福島原発のばあい、ｒａｄに代わって、ベクレルという単位が使われている。また生物にあたえる放射線の影響としてはシーベルトという数値で発表されている。

熱傷や爆風で傷ついた被爆者ではない無傷の死者を解剖した仁科博士が、これは原爆による傷害と宣言したのは、いわゆる放射線による致死である。これは普通の爆弾ではおこりえないことである。広島・長崎の原爆投下以後、核兵器が使用されることがないのも、放射能という人智をこえる傷害をおよぼすからであろう。それ故にまた、国の防衛に核兵器を保有するという諸国もある。

そうした世界情勢から、今いちど広島の原爆被害について再考してみることにする。

これまで、市全体の被爆状態や、個々の被爆体験についてはいろいろ語られているが、爆心地を中心とした住民の被害はどのようであったのかはあまり知られていない。ところが、被爆による傷害によって死亡したと推定される死傷者の数が、被爆後二〇年ぶりに発見され、『広島原爆戦災誌』に掲載されている。そこで、爆心地を中心とした強列な放射線のもとで、三〇〇〇メートル町内の住民の生存と死亡がどのようであったかを要約してみることにする。生存者および死傷者数は、広島市調査課が一九四六年八月十日（被爆一年後）に集約したものである。

爆心地から五〇〇ｍの住民　二一、六六二人中、軽傷　無傷者一、二六二人　死亡者…重傷者…行方不明者二〇、四〇〇人

五〇〇～一、〇〇〇mの住民　五三、〇三六人中、軽傷者…無傷者六、三五三人
死亡者…重傷者…行方不明者　四六、六八三人

一、〇〇〇～一、五〇〇mの住民　六五、二七一人中、軽傷者…無傷者一八、六六二人
死亡者…重傷者…行方不明者　四六、六〇九人

一、五〇〇～二、〇〇〇mの住民　四四、四九〇人中、軽傷者…無傷者二三、一二四人
死亡者…重傷者…行方不明者　二一、二七六人

二、〇〇〇～二、五〇〇mの住民　五二、六八六人中、軽傷者…無傷者四〇、二四五人
死亡者…重傷者…行方不明者　一二、四四一人

二、五〇〇～三、〇〇〇mの住民　三〇、七九六人中、軽傷者…無傷者二〇、五八六人
死亡者…重傷者…行方不明者　四、〇九四人

以上を概算すると、爆心地から五〇〇メートルの町民は被爆後一年後の生存者は六％で、死亡者

は九四％となっている。一、〇〇〇メートルでは生存者一二％、死亡者は八八％である。一、五〇〇メートルで生存者二九％、死亡者七一％である。二、〇〇〇メートルで生存者五二％、死亡者四八％で、ようやく生存者が死亡者数を上まわっている。二、五〇〇メートルで生存者七六％、死亡者二四％である。三、〇〇〇メートルで生存者六七％、死亡者二二％と、爆心地から遠ざかるにしたがって死亡者数も低くなっている。なお、この死亡者数の概算には重傷者および行方不明者もふくめた。

これは被爆一年後の記録で、放射能の影響はまだ危険な状況ではなかったか、とおもわれる。だがその時点で、広島市民は焼け残った周辺部を中心に一八万人が復活している。わたしをふくめて、その後の市民の放射能障害について調査されたということはない。ということは、被爆後の広島地区に、身体に影響をおよぼすような残留放射能はなかったということなのだろうか。

チェルノブイリや福島の原発事故による住民の避難からすれば、広島・長崎の被爆地区も住んではいけなかったのではないのか？

現に住んでいて、放射能被害の訴えがない以上、原爆後の広島・長崎市の残留放射能と、原子力発電事故による汚染状況とでは違うのではないかと思われる。

そこで、わたしなりの推理を試みることにする。

原発の放射能は、減速された中性子一個を吸収したウラン燃料の原子核が分裂して、壊変した放射性物質が、水素爆発によって建屋から地域にふりそそいだものである。壊変する放射性物質の発生は微量だが、長い年月によってたくわえられた放射性物質は科学的除去によってとり除く能力をこえるものであったようである。また放射能の半減期によって、その影響はそれぞれ異なるがそれを除去することは困難である。

ところで原爆の場合、中性子の連鎖反応が幾何級数的に増幅して核分裂をおこし、一瞬にしてウラン二三五を壊変する。『広島・長崎の原爆災害』によると、初期放射線は核分裂生成物から放出されるベータ線や、核分裂しなかった残余のウランから放出されるアルファ線は、爆発の瞬間に生ずるもので、空気中に吸収されて、地上にはとどかなかったようである。

問題は、壊変によって生成した多種多様な核分裂生成物から放出されるガンマ線と中性子線である。線量はオークリッジ研究所の調査表に記録され、前述に記載したとおりである。それが爆心地から二、〇〇〇メートルの住民を死傷させたことも理解できた。だが、放射性生成物が残存し、放射線をだしつづけているとしたら、市内に居住することはできないはずである。たしかに今でも、一週間以内に入市した人は被爆者としてあつかわれている。前書によると、被爆後一時間以内に五時間ていど爆心地を歩きまわった場合二〇ｒａｄの線量をうける。また翌日八時間滞在した場合は一〇ｒａｄ以下の影響があるだろうと推定されている。

だが、被爆直後からバラックや防空壕に居住している市民はかなりいる。それは避難するところのない人たちのやむをえない事情でもあった。その人たちは放射能障害を受けただろうか。たしかな記録はないが、障害はなかったのではないだろうか。

ともかく、以上の放射線発生の過程では、原発事故の後障害とほとんどかわらない。ということは、広島市には住めないということである。これはあきらかに現実とは異なっている。

そこで、わたしはこの矛盾を回避するために三つ仮定を想定することにした。

一つは、原子核の分裂の瞬間に生じた超高温・超高圧によって、核分裂生成物がすべて放射性アイソトープに変化して、ベータ線やガンマ線を放出したのではないかということである。それを想定するのは、オークリッジ研究所の調査による爆心におけるガンマ線・中性子線の高度の線量が、原子力発電の核分裂のさいに放出される放射線量とは桁違いに高いことから推定される。

二つめは、強烈な爆風によって、放射化された生成物が四散したということである。放射化されたアイソトープの微粒子は、爆発後、空中高く吹きあげられて大気中に拡散し、ほぼ一時間後に「黒い雨」となって降下している。

また中空ではなく、爆心地を中心とする一キロ範囲の地域に、爆風によって拡散した放射化されたアイソトープは地上に落下して土壌や瓦礫などに吸収された。それは誘導放射能となって、じょじょに市民や動植物に有意な影響を及ぼしただろう。これを残留放射能というが、それが原発の場合とちがうのは、中性子線によって放射能化したアイソトープという間接的なものだからである。

三つめは、九月一七日の夜、被爆後四〇日目に広島地方をおそった枕崎台風である。最低気圧九六一ミリバールの大暴風雨が広島の焼野原をおそった。市の中心部も五〇センチメートルをこえるほどの洪水におそわれ、復旧しはじめていた被災者のバラックや家財…衣類など、すべておし流してしまった。この水害でいったん住むことをあきらめて、地方にかえる市民もいた。だが、台風が去ったあと、焼野原いちめんに堆積していた残骸が洪水とともに海におし流され、市中が見違えるほどに清潔になった（『広島原爆戦災誌』）。台風は市民にとっては二重の苦難であったが、同時に地上に残留していた放射能が除去され、市民の健康と復興の障害がとりのぞかれたことにもなった。

ともかく、長崎市はいざ知らず、広島市は半年後の一九四六年二月には一六万九千人という市民が住むようになった（前書による）。それはまた、原発事故による被災地とちがって、放射能の被害がない（未知数）ということでもある。

わたしも、台風による道路の被害が修復された十月初旬、山県郡の田舎から広島市にでて住むようになった。そのときはじめて、相生橋のうえから一望に瓦礫となった街を眼にした。そして瓦礫の突端に、富士山に似た「似島」が浮かんでいるのを眺めて、「あゝ、これですべてが終わったのだな！」という感慨をおぼえた。

その四　原爆に関するおぼえ書き　2

原爆について、これ以上書くつもりはなかった。わたしの原爆観は、科学的な知識もなく、ただヒロシマとの関わりから、しぜんに理解した事象である。にもかかわらず、このたび三点について書くことにしたのは、わたしの記録のなかから消えてしまえば、おそらく一般に知られることもないまま、ヒロシマが忘れられてしまうだろうという気がしたからである。

その一点は、原子爆弾の包装材についてである。「リトルボーイ」の重量は四トン、「ファットマン」は四・五トンと記載されている。そのうちの広島の原爆について解説してみることにする。

原爆にウラン原料二〇キログラムを包装するのに、四トンもの重量を要するということは、放射能をふくむ原爆の原料がいかに危険な元素であるかということを示唆している。そのうち、内装はウラン二三五の自然崩壊による放射線を防護するための装置であろう。だが、四トンの重量のほとんどは外装の鋼鉄によるものである。

これまでわたしは、この外装は普通の爆弾とおなじように、爆発力を圧縮して、効力を高めるための素材と思っていた。ところが原爆のばあい、この鋼鉄の外装は原子核の分裂を促進するためにはなくてはならない重要な役割をはたしていることがわかった。それを解説することにする。

「リトルボーイ」のばあい、ウラン原料が前方と後方に二分されていることはすでに周知の事柄である。投下と同時に、後方のウランが前方のウランに打ち込まれて核分裂の連鎖反応をおこすということである。つまり、激突したウランの中性子は原子核に吸収され、陽子と中性子とのバランスがくずれ、ウラン二三五の原子核が分裂する。それによってウラン二三五の元素は放射性物質に壊変する。と同時に、その壊変した原子核の中性子も放出されて、隣接のウラン元素に吸収され、つぎの核分裂がおこる。こうしてねずみ算式につぎつぎと連鎖反応することによって、原子爆弾の爆発となったわけである。

最初に中性子を放出するために、前方のウラン原料のあいだに、たとえば「ベリリウム九」とか「カルホルニウム二五二」という中性子を放出する物質が包装されているということである。そして後部のウランが前部のウランに激突することによって、それらの物質から中性子が四散し、ウランの核分裂連鎖反応がはじまる。

これが原爆の爆発過程のすべてだ、とわたしは思っていた。ところが、福島の原子力発電の事故によって、中性子は秒速一万キロメートルで原子核をとびだし、隣接の原子核に吸収されないということを教えられた。原子力発電のばあい、放出した中性子は水分子と衝突することによって減速し、隣接の原子核に吸収され、核分裂の連鎖反応が継続されるということである。

原爆のばあい、秒速一万キロメートルの中性子が空中にとびだしたとすると、大半のウランが核分裂をおこさないまま、爆発力は通常の爆弾と大差ないだろうと推定されている。としても、中性子の減速のために、まさか原爆に水を積み込むというわけにはいかないだろう。そこでどうしたかというと、原子核から放出される中性子を、外装の鋼鉄によって逆反射させ、それによって減速した中性子が中心部に集中し、すべてのウラン元素の原子核を分裂させて連鎖反応を完成させるということである。したがって、四トンの外装はウラン原料を核分裂させるためには欠かすことのできない重要な隔壁であることを、わたしははじめて知った。

こうしてウラン原料が完全に核分裂するのは、爆発後〇・一ミリ秒（一万分の一秒）後で、火球の半径は約一五メートル、温度は約三〇万度ということである（『広島・長崎の原爆災害』による）。この瞬間に、高温高圧の爆発力と核分裂によって、外装の鋼鉄はすべて「電離気体」となって四散している。これはなにも鋼鉄にかぎらず、放射性物質（たとえばセシウム一三七やヨウ素一三一など）に壊変したウラン原料も、すべて「電離気体」となって爆風とともに空中にとび散ったということである。電離気体というのは、原子核の陽子が他の物質に壊変（注・ウラン陽子のばあい、九二がほぼ半減の陽子原子核となる）することである。したがって、一万メートルの「きのこ雲」は単なる水蒸気だけではなく、原子核分裂によって壊変した電離気体（放射性物質）の残存というわけである。これまでわたしは、こうした現象を記録した資料を読んだことがない。ただ「黒い雨」という、いわば抽象的な表現によって、拡散した放射性物質がふくまれているのではないかという、あいまいな記録にすぎない。

むろん、原爆の外装である鋼鉄の残骸は、爆心地のどこにもみあたらない。あたかもそうした外装の残骸は最初からなかったかのように語られてきたヒロシマを、私自身もなんらの疑問も持たなかった。ただこのたび、原子力発電の事故の記録から、分裂した高速中性子の減速を再認識し、「リトルボーイ」の核分裂連鎖反応にかかわる外装の壊変について理解したわけである。それはわたしの独断かもしれない。としても、とにかく考察した記録として残しておくことにする。

つぎに、第二点について書くことにする。

それは「電磁波」についてである。「その三　原爆に関するおぼえ書き　1」で、被爆者の皮膚剥離、および枕木その他の自然発火について、熱線（学術上は赤外線）ではなく、電磁波によるものであるとわたしは提言した。だが、研究者からも一般人からも、なんらの反応もないままである。わたしが間違っているとは思わないが、説明不足の点はある。そこで、多少追加説明することにする。

まず、原子核分裂による高温によって電磁波が発生するといわれているが、そうではなくて、電磁波は原子核分裂にともなう別種の物理的現象である。原子核が中性子の吸収または排出によって、他の物質に壊変するとき、非常な高温高圧によって電離気体となり、四散している。ところが、壊変した物質の原子核と放出された中性子とを、プラスして換算してみると、元の物質の質量よりも減少（一～〇・一％）しているということである。その減少した質量が電磁波となってエネルギーになるという。いわゆるアインシュタインの $E=mc^2$ による原理にもとづくと、壊変しなかった質量がエネルギーとなったというわけである。たとえば広島原爆のばあい、爆発時に〇・〇一～一〇ナノメートル（一ナノメートルは一〇のマイナス九乗メートル）の短い波長の電磁波が放出されて火球となった（『広島・長崎の原爆災害』による）。

火球は外気と接触して温度が下がり、約一〇秒後に火球の光輝は消える（消散点）。被爆者がピカというのは、その消散点後の光輝で、そのときにはすでに放射線とともに電磁波も爆心地周辺に散逸し、被曝していることになる。

ところで、電磁波とはなにかというと、電場と磁場の振動をつたえる波のことである。電場は「電気をおびた粒子が力をうける空間」であり、磁場は「磁気をおびた粒子が力をうける空間」である（『Ｎｅｗｔｏｎ』二〇一三年一〇号による）。電場の粒子は光子の波動（間隔が緻密）にしたがって直進し、障害物にあたって消滅する。ところが磁場の粒子は、波長のながい波動にしたがって自由に移動し、接触した物質に吸着して温存され、発生時のままの熱線を放出する。

核分裂によって発生した電磁波のうち、電場の光子は赤外線、可視光線、紫外線、レントゲンフイルムを変色させたX線、ガンマ線などで、直進して対象物を可変させて消滅する。ところが、磁気をおびた電磁波は物体に吸着して、そのまま温存されている。これが人体に皮膚剥離をおこし、木材その他の植物の発火を招いたものとかんがえられる。

学術書では一般に、「熱線」としてこの両者を同一体としてあつかっている。むろん電磁波は同一体だが、その作用は違う結果を生じている。それをみてみることにしよう。

核分裂によって発生した火球の輻射による熱線は、爆発力の三五%である。原爆の爆発力は、広島のばあい、TNT火薬の一三キロトン、長崎は二二キロトンと推定されている。この爆発力から熱線エネルギーを計算すると、広島のばあい、一三キロトンの三五%は四・五キロトンで、これをエネルギーに換算する一〇の一二乗を掛けたものが熱線となる。

熱線のエネルギーは距離の二乗に反比例して減少するとともに、空気中で吸収、散乱して減衰するので、計算よりもかなり低くなっている。広島のばあい、熱線は三・五キロメートルで消滅しているということである。

『広島・長崎の原爆災害』の資料によると、地上でうけた熱線エネルギーの数値が、被爆距離別に試算されている。一九五六年ころ実施されたアメリカの広島型原爆実験からの記録をもとに、日本で再験算されたものと思われる。それは計算上の熱線エネルギーであって、かならずしも広島原爆による熱線のエネルギーと一致するものとはかぎらないので、この記録はこの項では割愛することにした。

いままでに発表された資料によると、大量の熱線が短時間（爆発から約〇・二秒から三秒までの間）で放射されたと推定されている。そのとき爆心地の地表の温度は三、〇〇〇～四、〇〇〇度ではなかったかといわれている。それは周辺の瓦の表面の溶融や大理石の変色から推定されたものである。この熱線が市中に拡散して、被爆者の露出した皮膚や衣類、またその他の物質を熱傷させたというのが、これまでの原爆被害の実状として記述されている記録である。

ところが、この熱線の物理的性質はじつは電磁波であって、従来の酸素と結合して発生する火熱とは違っている点が、当時の学問的水準では分離されなかったのではないだろうか。また、被爆した人たちも、ほとんど一瞬の被爆（三秒以内）であって、火熱と感じることもないまま、とにかく夢中で避難している。だが、やがて電磁波による熱線によって、火傷や皮膚が剥離して、無惨な姿となった。また、それを救援する医者や救護者も、これまでの火傷とおなじように、食用油をぬって治療している。今日からかんがえると、ほとんど無謀というほかはないが、電磁波の知識のない当時としてはしぜんなことであった。

わたしも長い間、この解説を信じていた。それはわたしにかぎらず、原爆の被害をつたえるあらゆる書物が、現在でもこの説にしたがっている。ただ、被爆体験記や市内の被害の状況を記録した資料と、この学述書による科学的熱線の説明とが一致せず、なんとなく食い違っていることに、わたしは違和感をおぼえていた。だが、その科学的な原因についてはおもいおよばなかった。食い違いのなかでも、特にわたしの注意をひいたのは、被爆者の皮膚剥離である。奇妙に思われるが、当時のわたしの体験による皮膚剥離の理解は、海水浴で日光浴をしたあと、二、三日後、背中が水ぶくれになると同じもののようにかんがえていた。したがって、被爆者の皮膚剥離も、よほど強烈な紫外線によるものではないかと、自分なりに解釈していた。ところが、原爆資料によると、紫外線は空気成分と、爆風による埃によって、ほとんど地上には届かなかったということである。それを知ったからといって、いまさら、おろそかであったと悔いる気はない。ただ、いまになって、その誤解の原因を知った以上、やはり原爆の正しい知識として記録しておく必要があると感じたわけである。

原子核の分裂（いわゆる原爆）にともなう、物質の新たな発生の現象には三種類ある。ひとつは放射性物質への壊変が五〇％であり、いまひとつは放射能の発生が一五％、ついで電磁波による熱線が三五％である。この項でとりあげるのは、そのうちの熱線についてである。

その熱線の伝播のひとつに、光子として拡散した電磁波がある。その波長の短いものは紫外線・近紫外線であり、波長の長い光子は赤外線ということである。紫外線・近紫外線は爆発と同時に空中のちりやオゾンによって吸収され、地上にまで到達したエネルギーは非常に小さいもので、被爆者に損傷をあたえたとは考えられないということである。むしろ、火球表面から遠方にまで到達した熱線は、波長の長い赤外線であり、爆発後〇・二秒から三秒のあいだに大量に放出され、人体への熱傷や電柱や樹木などへの発火現象となったものと推定されている。

この理論は、電磁波を光子、いわゆる電気をおびた粒子と推定するところから発想された現象であって、原爆の被爆状況を説明しているとは言いがたい。むしろ、福島の原子力発電所の事故の記録からすると、電磁波は磁気による電子の粒子であって、それは原子炉内の水を高温で保温しているということである（『安藝文学八二号』による）。

この違いは、電磁波をどう解釈するかということにある。わたしがその仕組みに気づいたのは、家庭で使う電子レンジであった。ほぼ一〇年まえのことだが、お酒や牛乳をあたためたり、惣菜を調理したりするのに使用していたが、コップやお皿はなんの変化もない。その仕組みの説明を読むと、水の分子が電磁波によって分裂され、分離した分子が互いに摩擦することによって発熱するということである。したがって、水もしくは液体がないばあいは作動しないことになる。

それがまさか、原爆と関係があるとは思いもしなかった。ところが、原子力発電所の事故の記録から、核分裂によって発生した電磁波はウランの燃料集合体から放出され、原子炉内の水を沸騰させているということである（『Ｎｅｗｔｏｎ』二〇一一年七月号）。この原理は原爆のばあいも同様である。火球から放出された電磁波の粒子が、人体や枕木に吸着し、体液もしくは水分子を分裂させ、その摩擦熱によって熱傷させたものといえるだろう。それに要した時間は、火球からの距離や水分子の量によって相違しているものの、放射能の発生と同様、原子爆弾の許容することの許されない性能のひとつである。

これを今日、原爆実験によって立証することはできない。したがって、わたしが推定した根拠は、家庭用の電子レンジと原子力発電所の事故の記録に触発されたことによるが、実質的には被爆の記録および被爆者の手記によるものである。

以上、無学な素人の想定だが、やはりわたしとしては書き残しておくことにする。

第三点は被爆と敗戦との関係について。

これはすでに、歴史上で実証されている経過であって、いまさらわたしが言及することはないはずである。だが、最近発表される被爆者の体験記を読んでいて、当時の実際の体験意識とはだいぶ違っているとおもうことから、いささか気になることである。それはそれで、べつにかまわないわけだが、それを記載するジャーナリストの記者たちが、それを実体だとおもっていることと、当時を知らない大多数の国民、いや、世界中の人々が、広島・長崎の被爆を当世の状況から想定して、人類滅亡の原点というふうに解釈していることが、いささか飛躍しているのではないかとおもうからである。たしかに核兵器はその要因をそなえている。しかし、広島・長崎の被爆を人類の問題としてかんがえるまでには、長い年月の試行錯誤をくりかえしたことを忘れてはならない。その歴史はすでに明確に語られているので、ここでわたしが記録するつもりはない。ただ、わたしがいま書いておきたいとおもうのは、一九四五年当時の広島の被爆についてである。なぜなら、わたしが見、体験したことと、現在語られている被爆者の意識とはかなり違っている点から、当時の現場の当事者として、できるだけ正確に書き残しておくことにする。

まず、広島市の被爆は早かれ遅かれ、当然予測されていたことである。一九四五年三月十日の東京大空襲以来、大阪・名古屋・神戸へとつぎつぎに爆撃され、ほぼ都市機能は壊滅状態であった。

神戸が六月七日、広島県呉市が七月一日と、刻々と広島市への爆撃は迫っていた。むしろ、軍都広島市が空襲されないことが不思議におもわれてさえいた。しかし、軍当局はむろんのこと、県・市の当局者はじめ市民も、予想される空襲にたいする防御の態勢は早急に考慮されつつあった。

たとえば、一九四四年七月に発表された「学童疎開実施要綱」にもとづいて、広島市は翌年の四月から、国民学校三年生以上の集団疎開がはじまった。疎開児童は八、五〇〇〇人で、県北部の山間町村の寺院、神社、また集会所などのあき部屋に、ざこ寝の集団生活を強制されていた。なお、縁故による疎開児童も約一五、〇〇〇人あまりあって、広島市の学童はさいわい原爆被爆をまぬがれることができた。

しかし、いまひとつの「建物疎開」行政は、被爆しなくてもいい周辺の町村の人々や市内の各企業の従業員、また各学校の生徒たちを無惨に殺傷することになった。

広島市は六の川が市街を分断していて、焼夷弾による家屋の延焼を最小限に抑制することができると想定されていた。だが、本土空襲がますます激化したために、内務省による防空法が制定され、広島市も消防道路や空地をつくるように、建物の強制疎開が実施されることになった。一九四四年末に第一次の建物疎開が完了し、つづいて翌年から第二次、三次、四次、五次と継続され第六次が八月六日の原爆投下の当日であった。

川によって分断された南北の市街地を、今度は市の中心部を中心に東西に分断するために、鶴見橋から天満町までの住宅地を約百メートル幅にわたって取りこわすことになった。それは軍隊による動員によって、家屋の柱を切り、それに綱をつけてひき倒すという応急措置だった。市民が動員されたのは、そのひき倒された家屋のあとかたづけである。

なんとも乱暴な措置だが、各都市の焼失状況からすれば止むをえない防空対策だったのであろう。たしかに焼夷弾空襲なら、ある程度の効果はあったかもしれない。だが原子爆弾による被害にたいしては、まったく役にたたなかった。むしろ、建物を破壊して無防備となった平坦地に蝟集《いしゅう》していた市民は、爆風と熱線と放射線による被害によってほとんど殺傷されている。その記録は多くの体験記に書き残されているが、ここではやや違った場所での体験記を紹介することにする。

旧福屋（現在、中国銀行ビル）の裏手の、陸軍兵器倉庫と白島電車道とのあいだの十二、三軒ばかりの家屋の疎開作業のあとかたづけに動員された商店主（新保英夫・四十三歳）の体験記である。

「今朝五時半ころから、隣組の方々といっしょに家屋疎開の跡片付け作業にいった。ここは自宅から五十メートルはなれた電車道（八丁堀・爆心一、三〇〇メートル）で、軍隊によって家の主柱の中ほどをノコギリで切り、ロープをかけて引きたおしたもので、瓦もそのままだから、まず瓦の整理から手をつけた。アサとはいえ、真夏のことで暑さはきびしい。二時間くらいして一休みした。そのあいだに、足らぬ道具を取りにかえる人、汗を流しにかえる人など。私の妻八代子も背の子供に乳を飲ますために家にかえった。

私はなお多く残っている瓦をどこへ片づけるべきかと考えながら、屋根の棟から二、三歩下へ歩いている時であった。ピカッと白黄色の強力な光線、チェーという強音（この音はトタン板多数重ねた中から一枚引抜くような音）で吹きとばされた。

それからはなにも分からぬ数瞬だった。とうとう爆弾を投下されたと思いながら、平素から訓練したとおり、指先で目、鼻、耳をおさえて、地面に伏せていた。背中へ石コロや木切れなどが降ってくる。ちょっと頭を上げてみる。黒煙のなかにいるようで真っ暗だ。実に静かなひとときであった。

また頭を上げてみた。約一メートル位が見えだした。私は電車の路線まで六メートルほど吹き飛ばされていた。身体を動かしてみる。どこも怪我はないようだ。急に子供の泣き声がする。そうだ。私の子、比佐子もそばで遊んでいたのだ。夢中で声のほうにかけだした。子供も私のまえを通った。すぐ横抱きにする。顔は埃だらけで、口と鼻から出血している。うす暗いなかを我が家のほうへ歩いた。

広い電車通りも電柱はたおれ、電線や電車の架線は地上にみだれ落ちている。東側の家々はみな壁土をふるい落とされたようで、見るかげもない。大部分が半倒れである。人々は無言で右往左往している。

我が家まで帰る。半倒れだ。中へは入られぬ。隣の山本の主人が貯水槽から裸で出てきて、ヤラレタと言っている。私は大声で「オイ、八代子」と妻を呼んだが、なんの返事もない。仕方なく、三、四十メートル南へまわって、縮景園から裏へまわった。ここはふだんから非常口としていた。

「オーイ、八代子」と呼んだが、まだ返事がない。子供を抱いたまま家のなかに入ろうとすると、妻も血だらけの守をよこ抱きにして出てきた。私はこれで四人家族が全部そろって、よかったと思った。妻に薬はどうしたかと尋ねたところ、知らぬという。

私は救急薬の袋をとりに、家のなかに入った。防空用具や救急薬の置き場所も壁がおちてなにも見えぬ。奥の八畳の間も天井がおちて、タンスに支えられている。タンスもフタが開き、なかの物も埃だらけだ。どこかに薬はないかとさがしたが見あたらない。仕方なく裏に出た。そこには、今までいっしょに作業していた人たちが五、六人集まって、どこかへ避難しようと相談していた。（中略）

新保サーン！　近所の人がよんでいる。行ってみると、A君の細君が全壊した家屋の下敷きとなり、顔だけだして助けをもとめている。柱をはずして、なんとか体を出そうとすると小さな声で、私は死んでもよいから、下の子供を助けてくれという。見れば、大柱の下に、二歳の男児が胸部をおさえられて死んでいる。それを知らずに、自分はよいから子供を助けてくれと叫ぶのだ。なんと尊い母性愛だろう。三人で協力して母親だけでも出そうとしたが、柱が重くてなかなか動かない。誰かに力を借りようと、表通りへ出た。

多くの人が北のほうに行く。これらの人に援助を求めるのはできないことに気付いた。みな重傷者だ。みな裸どうようにボロボロの衣服をつけ、全身おお火傷者や、血みどろの重傷者たちだ。頭髪も三寸くらいが焼け残り、乱髪している。腕も火傷のために中ほどにさし上げたまま動かぬらしい。見るからに恐ろしい姿である。（中略）

私はしかたなく引っ返した。A君の細君も、どうやら引き出すことができそうなので、ひとまず我が家の裏へかえる。二人の子供は泣きもせず、妻に抱きついている。妻も背中は血だらけで、着物もズタズタにやぶれている。

近所の人も、また次の焼夷弾でも投下されたら危険だから、早く安全なところに行こうといわれる。約三百メートルくらいのところに火の手が上がった。これでは、ここらも火災はまぬがれぬ。早く、縮景園うらの堤防へ行こうと話をきめた。園内は爆風のために大樹がたおれて、至るところで妨害している。

来てみる、私達がよいと思うところは、人も同じ気持ちとみえて、数百人が避難している。居所をさだめたら、私はまた引っ返して家具をもちだすつもりだったが、これでは引っ返すこともできない。

比佐子は火傷が痛むらしく苦しがる。持あわせのアカチンをぬり、呼吸も苦しいらしいのでカンフルを打った。それ以上は手のほどこしようがない。人はますます多くなる。軍人も重い火傷で、多く避難してきた。川べりにいた人は、後からおされて川のなかに押し出された人もある。川上でも、おなじことがあったらしく、多くの人が流れてくる。（中略）

午後二時ころと思う。ブルンブルンとB29が上空を飛んできた。その時である。川向こうの三樹園付近の家が全焼し、その火勢が川原で大きな火の柱となり、竜巻となった。火の柱は三、四十メートルも燃えあがり、付近のあらゆるものを空中に巻きあげて、炎となって燃えあがる。川原に避難していると思った人も、実は死んだ人たちで、これらも竜巻に吸い込まれて火だるまとなって燃えあがっている。

竜巻のために、付近は大旋風がおこり、川面も大浪がたっている。われわれもみな、竜巻のほうに吸い込まれるように引きつけられる。なかには川のなかに引き込まれた人もあった。そのうち、大粒の雨が降ってきた。真夏の空はカンカン照っているので、雨ではない。人々はB29がガソリンをまいたといって騒ぎだした。自分は水面をみた。ガソリンなら油が浮くはずだが、油は浮いていない。私は思いついた。竜巻のために川の水が吸い上げられ、それが降るのだと。まもなく粒雨も止み、竜巻も消えた。（大略）

八月七日の思い出

灰燼と化した広島市を真夏の太陽は無心に照りつけている。避難者は少なくなったが、死骸はずいぶん増している。軍人の重火傷者がおおいのが特に目につく。時間がたつにつれて火傷の痕がハッキリする。だれも傷痕が痛むらしい。昨日の朝からなにも喰わないが、たいしてほしくもない。ただ水ばかりだ。近所の人が東練兵場で握り飯をもらってきてくれたが、だれも喰わぬ。私も一口であとはほしくない。

十歳くらい以下の子供は、負傷と日光の直射のため、いちように脳症をおこしている。私の子比佐子も、弟の長男勝之も、体はハレあがり、脳症をおこしてなにかたわごとをいっている。これでは二人とも、また弟安夫も、駄目だろうと思った。

午後二時、勝之が死んだ。三時頃、岡山からはじめてわれわれのところに医療団がきた。さっそく私は診察を乞うた。医師団のところまでは二十メートルくらいあるので、担架で弟を運んだ。体を動かしたので、弟はたいへん苦しがった。医師のところには三十名くらいの重傷者がいるが、次から次と息を引きとっている。

弟の診察の順がきた。医師は弟をみて、

「これは大変だネー、可哀そうに」と言って首を傾け、心臓部に直接注射した。しばらくして、弟は目をひらき、力なげに私を見あげたが、なにも語らぬ。

「苦しいか、医者が来られたからスグ楽になるで」と私はいったが、弟はまた目をつむり、ピリピリとケイレンした。

これが弟の最後であった。妻もかけつけ、近所の人も来てくれた。さきに死んだ勝之を安夫といっしょに並べて、「お父さんといっしょに良いところへ参れよ」と悲しい別れをした。その夜、比佐子も死んだ。(中略)

夜ふけて、私は起き上がり、四方八方を眺めた。広島全市の焼け跡には、幾万余の死骸がある。恨みをのんで死んだ人、なにも知らず瞬間に死んだ人、これらの霊魂があれば、今こそ出そうなものだと。しかしなにも見ることはできなかった。

八月八日以後の思い出

縮景園の生活も、野宿のことで、永くつづけることができず、親戚を次から次へと流浪の旅をつづけた。妻も、背中のガラス傷がまだ治らないのに、子供を背負って歩いた。私はどこへいっても、家に落着くと熱がでて動けぬ。あまり焼け跡を留守にすることは、残務整理上都合がわるいので、ときどき帰り、残務を整理した。

九月はじめ、山口県の末弟のところへ長女を疎開させているので、そこへも行って帰った。あまり暑いので、裸になったところ、近所の人が私の体を見て、

「新保さんも斑点が出とる。原爆症だ。それで多くの人が死んでいるのに……」という。

その日は土曜日で、病院は引けていた。二日目の月曜日に病院へ行った。五、六十人の患者の順を待つあいだに私は倒れた。顔がチカチカする。気分がわるい。順がきて診察してもらう。医師は「君は手おくれだ」と、死の宣告である。一日ごとに自己血清がおこなわれた。バラックにいても、熱は高く、息は苦しい。頭と胸を冷やす。妻に、やったことのない注射を無理にうたせた。下熱剤のエルスチンであったが、それでも効いたのか、熱が下がって楽になり、九月二十日ころ医師もおどろくほどの全快ぶりであった。

その後、食糧関係がわるく、いちじは大豆ばかり十日間くらいの配給で、三男守と疎開帰りの二男忠孝は、大腸炎。妻はビタミンBの不足で歩くことができず、三人のうち、だれから死

ぬのかと心配したが、守が医師の手あつい看護もむなしく、十月二十日に死んだ。その守の死骸も、身内で処置するので、近所の人に手伝ってもらい、親の手で涙ながら火葬した。（『原爆体験記』・広島市原爆体験記刊行会による）

この体験記を再録したのは、爆心地から一、五〇〇メートル以内の被爆者の被災をわかりやすく伝えているからである。これを基準にして、一、五〇〇メートル以遠と以内の被爆者の被災を理解すれば、ほぼ正常に原爆の被害を把握することができるものとわたしはかんがえている。

筆者の新保英夫氏は四十三歳の商店主で、鉄砲町に住居があった。被爆したときは、西練兵場の東土手にそって建てられた陸軍兵器倉庫（一、二〇〇《メートル》）の裏側に隣接した疎開家屋の跡かたづけに、隣組の人たちといっしょに作業していた。朝の涼しいうちにというので、五時半頃からとりかかり、二時間ばかりして一休みしているときであった。

ピカッと光る強力な光線と、チェーという強音とともに吹きとばされた。数瞬間の無明の暗闇である。背中に、石コロや木切れが降りかかってくる。しかし、ふしぎに静かなひとときであった。やっと頭をあげてみた。あたりが一メートルくらいみえはじめ、白島線の電車道まで六メートルくらい吹きとばされていることがわかった。体を動かしてみたが、どこも怪我はないようだった。そのとき、急に子供の泣き声がした。

そうだ。娘の比佐子もそばで遊んでいたのだ。夢中で、声のほうに駆けだした。比佐子は口と鼻から出血していたが、よこ抱きにして、うす暗いなかを我が家のほうに歩いていった。妻は血だらけになった乳飲み子の守をだいて出てきた。これで、一家四人の家族がそろってよかったとおもった。

だが、二日後の夜、比佐子が死んだ。そして十月二十日に守が死んだ。

英夫氏は親戚の家をてんてんとしながら、熱がでて苦しんだ。それでも、焼け跡の残務整理のために、九月はじめ、鉄砲町の家にかえって、あまり暑いので裸になったところ、近所の人が、「新保さんも斑点が出ている。原爆症だ。それで多くの人が死んでいるのに」という。

二日目の月曜日、病院にいったところ、医師は「君は手おくれだ」という死の宣告をうける。二日ごとに、自己血清がおこなわれた。バラックにいても、熱は高く、息は苦しい。妻に下熱剤のエルスチンの注射を無理にうたせた。それが効いたのか、熱が下がって楽になり、九月二十日ころ、医師もおどろくほどの快復ぶりだった。現在（一九六〇年）、夫妻とも健在だということである。

英夫氏が近距離で、屋外にいながら火傷しなかったのは、おそらく陸軍兵器倉庫の壁に熱線がさえぎられたからであろう。だが、放射線の照射はまぬがれなかった。それを理解したのは、縮景園での二日目、昨日の朝からなにも喰わないが、欲しくもない。近所の人が、東練兵場で握り飯をもらってきてくれたが、一口食べて、あとは欲しくないという叙述からである。多くの体験記に、食べるという記録はほとんどない。むしろ、胃液をもどしたという記述がいくつかある。これは、放射線の直接の傷害が消化器の機能を犯したためである。白血球の減少はさらに数日間の経過ののちに自覚症状があらわれたようである。

以上、「家屋疎開」の反時代的な惨状について解説したが、広島の原爆被害をさらに拡大させた法令が発布されている。これについては、今日までほとんど社会的な問題として取りあげられた例がないのがふしぎである。たとえば、一九四五年四月十七日、「広島市大避難実施要領」という法令が県庁からだされている。その趣旨は、

……各自、戦闘配置において、持ち場を死守し、初期防火に挺身し、不幸にして人事およばずして、避難のほかなき最後の事態にいたった場合は、安全な避難先の指定により、後顧の憂いなく、最後まで防火に挺身せしめんがためなり。……

これによって、各町内会ごとに、避難先の町村が指定されている。その点、被爆後に被災者が避難し、学校や寺院に収容されて、地区の救護班で保護されるという効果はあった。だが、被爆まえの防火体制は、この「実施要領」によって、疎開して家屋を無人にすることをきびしく禁止してい

た。それは法令によるというよりも、市民みずからが相互に牽制していたといえるのではなかろうか。たとえば、『原爆ゆるすまじ』という手記のなかで、温品道義はつぎのようなことを書いている。

……六月ころに、町内の若林という家が、夜陰にじょうじて疎開して、家が空き家になったとき、非国民だと、ものすごい批判がおこり、もしその家に焼夷弾が落ちたらどうするのかと、町内あげてののしった。……

「家庭防衛隣保班制度」というのが一九四四年七月にできて、隣組の市民がそのまま防衛の一切を請けおうようになった。したがって、月に一回は隣組の人たちがあつまって、バケツリレーによって防水訓練をしたり、また竹槍の突き方の練習をするなど、今から考えるとおよそナンセンスな防衛体制を市民は強制されていた。こうした時代の風潮のなかで、郊外に疎開することも困難であった。その一例を、中国新聞社の社員、大佐古一郎の『広島　昭和二十年』から引用してみよう。

……五月二十九日　（一九四五年）、もと同じ隣組で、現在は府中へ疎開している和田さんが、今日、妻のところに来て、近所に空き家が一軒できるが、そこへ疎開しないかと誘ったそうだ。東洋工業に近い鹿籠《こごもり》なので、空襲の危険度はかなり高いが、すぐ裏の小さな山には横穴壕もあって、裸同然の大手町より安心だという。妻は、「いま住んでいる家を勝手に空き家にすることは、町内の防衛力を弱めることになるので、許されない。だれか後に入る人がいないことには疎開できぬ」と話しておいたそうである。

……六月十一日、「疎開したいが家があけられないので弱っている」と、記者クラブで私が言っているのを聞いたクラブ付きの木村のおばさんが、「その後に私をぜひ入れて下さい。いまの材木町（現・平和公園）の家が、近く強制疎開になるんで、県庁に近い行き先を探しているところなんですよ」と、息をはずませる。家賃は二〇円だというと、それでも結構だそうだ。渡りに舟とはこのことか。話してみなくてはわからぬものだ。さっそく、大家さんへ電話で了解をえて、鹿籠へ逃げよう。

六月十四日、大佐古氏は疎開して助かり、木村さんは被災したことになっただろう。こうした事例はたぶんに起こっている。

戦争末期にむけて、さらに恐ろしい法令が発布されている。「国民義勇隊結成協議会」である。県知事訓示の要旨を一部紹介すると、

……全国民一億がことごとく参加する組織であり、最後はこの義勇隊の一員として、欣然死

地につきうる組織とならねばならないと存ずるのであります……

要するに、敵兵に体当たりして死ねということである。おそらく、六月中旬、沖縄戦が絶望的になった段階で、つぎは本土来襲ということを予想しての、国土防衛のための指針なのであろう。沖縄の場合、住民が軍人とほとんど同じくらい死傷しているという記録がある。もしアメリカ軍の本土上陸ということがあったなら、わたしもおそらく死傷していただろうと思う。なにしろ、防衛手段としては、先を尖らした竹槍を一本用意しておけという、児戯にもひとしい布告なのである。

今、当時のことを説明しても、七十歳代以下の人はほとんど信じないだろう。なぜわたしがこの項を書くかというと、現在ジャーナリストたちが取り上げている原爆の惨状が、当時の時代感覚からするとまったく架空の現実だからである。それはそれで、別にかまわないとしても、「戦争という実体」がいかに苛酷で、しかも架空の幻想を生じるものかということを自覚してもらいたいからである。

つぎに、被爆直後の記録として、すでに『ヒロシマの歩んだ道』（一九九六年）という自著に書いていることだが、わたしの印象に残るものとして貴重なものなので、再録することにする。それは蜂谷道彦氏（逓信病院院長）の『ヒロシマ日記』の一節である。

……私はこっそり病院（逓信病院）へ戻った。そして「敗戦だ」と一口いってベットに腰をおろした。病室は俄然静まりかえった。寂として声なく、しばらく沈黙がつづいた。敗戦を知り、一同唖然としていたのだ。間もなく、すすり泣きがきこえだした。爆撃されたとき、敢然と立って、がむしゃらに活躍した者の面影はまったくない。意気銷沈、まったく見るかげもない態だ。

ひそひそ話がきこえだした。突然、だれか発狂したのではないかと思えるほど、大きな声で、「このまま負けられるものか」と怒鳴った。それにつづいて、矢つぎばやに、

「今さら敗けるとは卑怯だ」

「人をだますにもほどがある」

「敗けるより、死んだほうがましだ」

「何のために今まで辛抱したか」

「これでは死んだ者が成仏できるか」

いろんな表現で鬱憤が炸裂する。病院は上も下も喧々諤々《けんけんがくがく》、まったく処置なき興奮状態に陥った。

日ごろ、平和論者であった者も、戦争に厭ききっていた者も、すべて被爆このかた、俄然豹変して、徹底的抗戦論者になっている。そこへ降伏ときたのだから、おさまるはずがない。す

べてを失い裸一貫、これ以上なくなることはない。破れかぶれだ。

私も、彼らのいうように、徹底的に戦って、しかるのちに一死もって君国に殉ずるのが私の本分であると思った。私はさらに思った。疵だらけの見苦しい姿で生きながらえるよりは、殉国の華と散るほうがましだ。有終の美をなすことを忘れてはならぬと、心ひそかに自分で自分にいいきかせた。

降伏の一語は、全市壊滅の大爆撃より、遥かに大きなショックであった。……


この引用文が、現在の人たちにわかるだろうか。いや、分からないからこそ、「反核・平和」というモットーが真摯にいえるのではないだろうか。

わたしが「原爆に関する最後の覚書」を書き残す気になったのも、平和は決して安易に招来するものではないということを訴えたかったからである。現在の日本の軍事施設をみて、それが戦前以上の軍事力をそなえているにもかかわらず、いままでわたしはまったく知らなかった。わたしがそれを知ったのは、イラクの湾岸戦争に日本も協力することになって、広島県呉市の港湾海上に集結している「フリーゲート艦」をヘリコプターから写した映像（一九九一年四月）を見てからである。ゆうに二〇隻をこえる軍艦が海上を埋めていた。

戦時中、わたしは呉の海軍工廠に動員学徒として働いていたので、軍港の情景は毎日のように目のまえにあった。戦艦大和が停泊しているのも見たし、そのほか戦艦や巡洋艦・潜水艦などが何隻も停泊していた。それがいわゆる戦争そのものである。それを四六年後にふたたび見ようとは、思いもよらないことであった。しかも平和の代償として……。

話がずいぶん飛躍したので、ふたたび被爆直後と敗戦による人心の動揺についてみることにしよう。

被爆手記で、いまでもわたしの心に残るのは、焼け跡ではじめてご飯を炊いて食べようとしたとき、箸がないのにとまどったという話である。茶碗も鍋も焼け残ったが、箸は焼けてしまっていた。止むを得ず、柳の枝を削って急造の箸を使ったという手記である。なんでもないことのようだが、惨憺たる情景のなかで、箸をつくることからはじまった被爆者の生活のいったんを思いうかべるエピソードとして、わたしには忘れることのできない手記である。

いまひとつ、復興の第一歩ともいえる手記を『原爆市長』（浜井信三著）から紹介してみよう。

「家財一切を焼いた市民は、着のみ着のまま、夜寝る布団にもこまった。

夏のあいだは裸の生活でもよかったが、そろそろ涼風がたちはじめると、それではすまされなくなってくる。秋……そして寒い冬がやってくる。当然、衣料がいる。といって、当時市民に着せる大量の衣料を、正規のルートで手にいれることは不可能であった。

そこでわれわれは、軍服と軍用毛布に目をつけた。幸いにも、広島市には陸軍の被服支廠があったので、その払い下げをうける交渉をすすめたところ、結局、新しい軍用被服一万梱《こうり》をもらいうけることになった。「軍用被服一万梱」というのは、軍服、下着、軍帽、軍靴など、兵隊一人が身につける上から下までの衣服が十万人分である。これだけあれば、まず市民の当座の衣服はまかなえると喜んだ。しかしそれも束の間であった。それらの衣服は、加茂郡西条町に疎開してあるので、そこまで行って引きとってこいというのである。しかしトラックも人出もないのに、それをどうやって運ぶかということであった。（大略）

まず、鉄道管理部へいって、西条への貨車三十輛をまわしてもらうように頼んだ。それから、西条の被服支廠出張所主任の中尉をたずねた。ところが、軍用被服はさらに山奥の川上村の倉庫に疎開しているということであった。中尉の話によると、

「川上には十万梱あるが、広島から運んでくるのに、六百人の兵隊をつかって六ヶ月かかった。たとえ一万梱としても、とても短時日で持ち出せるものではない。そんな無理なことは止めたほうがいい」

という、けんもほろろの挨拶だった。しかも、

「われわれは、まだ戦うかもしれませんよ。あれをムザムザ敵に渡すのはいやだ」

と、降伏したことをハラにすえかねているふうであった。私も中尉の話を聞きながら、これからさき、日本はいったいどうなるのだろうかという暗澹とした気持ちになった。それから中尉は、くるりと窓のほうにむくと、運動場をめがけて、いきなり拳銃を一、二発ぶっぱなした。しかし中尉は、いま発射した拳銃をもてあそびながら、

「しかし課長さん、考えてみると、おたがいに長い間つまらぬ苦労をしたものですなあ。広島の市民もひどい目にあいましたね。あの被服が気の毒な市民の役にたてば辛いです。持って行ってください」

ということになった。(大略)

九月にはいると、西条の荷物がぞくぞくと広島の貨物駅に到着した。落ち葉のくっついた梱包の一部を荷ほどきしてみると、まっさらな夏服、冬服の上下、夏のオープンシャツ、冬の木綿シャツや毛のシャツの上下、軍靴、なかには裏に毛皮のついた防寒用の衣服などもあった。私はそれを見てうれしかった。

わたしが山県郡の山村から広島市に出たのは、敗戦後(一九四五年)の十月初旬であった。三月に

広島高等学校に合格したという通知をもらったが、進学どころか、中学校を卒業しても、そのまま呉の海軍工廠に動員されたままであった。担任の先生に聞いても、どうなっているのかわからないということだった。わたしは四月の集団検診で、肺浸潤ということで、動員解除となり、即日帰郷ということになった。療養のために田舎の実家にかえったが、農村でも人手不足のために、さっそく松ヤニの採集と、軍馬のための干し草の採集にかりだされた。それでも海軍工廠の仕事のような重労働ではなかった。

呉の海軍工廠の学徒動員が解除になったのは、七月十九日であった。文部省の全国的な指令というよりも、六月二十二日、米国戦略大型爆撃機二九〇機の爆撃によって、工廠の設備が壊滅的な破壊をうけ、生産がストップし、跡片付けのほかに仕事がなくなったからであろう。この爆撃で、おなじ職場にいた同級生が二名爆死している。わたしもわずか一ヶ月あまりのちがいで助かったということになる。

いまひとつの好運は、八月一日、高等学校の入学式があるので出席するようにという通知をうけていた。そのために、リュックサックを背負って乗合バスを待っているとき、松根油を掘りに部落の人と山に行っていた母が、走って帰ってきて、広島へ行くことは止めなさいといった。その頃は、毎日のようにB29が東のほうから西に向かって飛んでいた。その日も一〇機ばかりの編隊が村の上空を飛び去っていった。安穏な山村の生活にひたっていたわたしには、それを危険と感じるような感覚はすでになかった。にもかかわらず、母の忠告にしたがったことは、幸い八月六日の原爆被害をまぬがれる結果になった。

当時、広島高等学校（現・広島大学付属高校）は広島駅のとなりの向洋《むかいなだ》駅周辺にある「日本製鋼所」に学徒動員されていた。旧制の高等学校はすべて全寮制だったので、学生は日本製鋼所の工員寮に全員収容されていた。むろん学業はなく、製鋼工場で高角砲や機関砲弾の製作にしたがっていた。八月六日は月曜日で、本来なら工場にいるはずだったが、当時は電休日の日曜日に稼働して、月曜日を休んでいた。そのために、市内の学生は自分の家にかえるものがほとんどだった。向洋《むかいなだ》の工場にいたら、そこは爆心地から十二キロもはなれているので、原爆の被害はまずなかった。まったく不幸なことだが、級友のほぼ三分の一が被爆し、爆死したものもあり、また経済的に破綻して、休学もしくは退学するものも何人かいた。

田舎の生家で、動員解除の療養生活をしていたわたしは、高等学校の新入生まで学徒動員されているとは知らなかった。また、広島から五〇キロも山奥の中国山地の寒村では、原爆被害が普通の爆撃とはちがっているということも知らなかった。むろん原子爆弾にかんする知識は皆無だった。その後二〇年間、原爆を理解することがなかったというのが正直なところである。

それはともかく、一九四五年十月、広島市に出てきたときの印象は、いまでもはっきりと目に浮かぶ。それはしばしば語られているような無惨な情景というものとはちがっていた。むしろ、街というものの蔭がまったくなくて、清浄といっていいくらい空白の空間であった。人影もほとんどなく、ときたま電車が通るのが異常にさえおもえた。そして、町をとりまく山々や海や川が、市の周辺に身近にせまり、広島はこんなに小さな町だったのかという印象をうけた。その印象をいっそう強くしたのは、かつて広島城があり、軍管区の兵舎に取り囲まれて威容をほこっていた広大な市の中心部が、西部練兵場とともに、まったくのっぺりとした荒野になっていることも異様な風景であった。

わたしはともかく、皆実町の高等学校へむかった。御幸橋をすぎると、それから南の街は焼け残っていた。学校も焼け残っていたが、校舎も講堂もすべ崩壊し、事務所らしいものもなかった。ただグランドの土手沿いにテントを張った周辺の近所の人たちが、ずらっと並んで生活していた。その人たちに、学校の所在をたずねて、ようやく向洋の学校にたどりついたのは、夕方の七時ころではなかったかとおもう。

一九四五年三月、広島高等学校入学の通知をうけ、三月末の中学校卒業と同時に、海軍工廠の動員が解除され、四月から高等学校に入学できるものと喜んでいた。ところが、「情報局の発表によると、四月一日から学徒の授業は向こう一年間停止、進級は認めるが進学は別に定める」という発表があった。進学を認めるというのは、軍関係の学校と理科系の学校に入学したものだけということである。戦乱のなかでは、どんな法規でも通用させることができるということは心すべきことである。

八月一日に入学式をおこなうという通知は担任の先生からハガキで知らされたようにおもう。入学校との連絡は海軍工廠の事務所をとおすほかに手段がなかったからである。その点、入学式の通知をうけても、本当かどうかという疑いの念がなかばしていたこともたしかである。ともかく、出席を中止したことは、母のおかげとはいえ、やはりいくぶん時代への不信もあったように思う。

十月はじめ、日本製鋼所の工員宿舎にある高等学校の事務所で、名前を告げたとき、

「いままで、なにをしとったんか？　除名されても仕方がないが、まあ、原爆があったからのう。いちおう、入学手続きを取りなさい」

ということで、ようやく入学を認められたというわけである。それでも、高等学校は焼けずに名簿が残っていたからいいようなものの、高等師範とか高等工業のように焼失した新入生はどうなったのだろうか。すべての点で、まったく杜撰《ずさん》な学校生括であった。学校がないので、工場の教習所が臨時の教室となっていた。先生も何人か亡くなっておられたので、勉強は語学と歴史にかぎられていたが、教科書はむろん、わたしたちも新しいノートや鉛筆を買うようなこともなかった。

いまかんがえてみると、戦争に負けたという意識は全くなかったような気がする。苦難の生活は

戦前からのもので、敗戦によって敵方からの打撃をうけたというものではなかった。ただ、工場労働者から解放されたという喜びが大きくて、勉学のしんどさになかなか馴染めなかったような気がする。それに、全寮制による上級生の議論は、はじめて聞くヨーロッパの哲学者の名前で、わかっても、わからなくても、とにかく偉大な世界があることを教えられた。

もっとも、それも一ヶ月足らずで、寮の食糧が底をつき、父兄からサツマイモの供給があって、イモメシでなんとかすごしたが、十一月になると一週間の食糧休暇で全員実家にかえって、なんとか飢えをしのいだ。また、進駐軍の将校に教授の知り合いがいて、小麦粉を何俵が融通してもらい、団子汁で何日かすごしたが、いずれも限界で、十二月に二学期を終了して、解散ということになった。そのとき、三学期がいつ始まるかわからないが、日本製鋼所の宿舎も工場も強制収容される可能性があるので、寝具その他の持物は近所の家に預かってもらうようにと指示された。

わたしは三学期には、休学願いをだして出席しなかった。一年生の勉強といっても、わずか二ヶ月たらずの勉強で、一からやり直すほかないということと、栄養不良による肺浸潤の病状もおもわしくなかったからである。

ところが、おどろいたことに、一学年の授業は十月以降になるという通知が届いた。むろん、旧校舎の再建が不可能であるという当然の理由であった。それにしても、新学級は広島県のはずれの大竹町であった。そこの海岸べりに海軍潜水学校が元のまま残っていた。広い運動場と校舎は一年生から三年生までの生徒を受けいれるには十分な広さだった。だがむろん、寮というものはなく、全員各自で下宿を探すほかなかった。わたしは幸い、同郷の人が大竹に居住していた家に下宿させてもらうことができた。それにしても、壊滅した広島市で高校や大学の校舎をさがすことは不可能であっただろうが、敗戦にもかかわらず、各地に学校教育を継続した日本当局は後世にのこる業績であったと、今にして思いいたるのである。

大竹町の海軍潜水学校から、どうにか補修した広島の旧校舎に復帰したのは、二年後の一九四八年八月下旬ということである（『広島原爆戦災誌』による）。もっとも実際は、四八年四月の新学期からであったように記憶するが、そのへんはかなりあいまいになっている。とにかく、その間、教授の休校や各自が先輩をたずねて寄付を懇願するというような、かなり複雑な学生期間であった。それでも翌年の三月にはいちおう卒業ということにはなった。そのときわたしは二十一歳になっていた。当時は、就職を考えるよりも、まず大学にすすむことが旧来の学制の進路だった。ところが勉強にまったく自信がなかった。ほとんどまともに学んだという時代でもなかった。それに学制改革によって、後輩は新制大学生ということで、旧制高等学校の卒業生はわたしたちが最後ということでもあった。

勉強ばかりではなく、経済的にも、農地改革によって小作地を失い、大学進学は困難だった。そうした困惑のとき、およそわたしには不似合いな、進駐軍を対象に、アンゴラ兎の飼育やカナリヤの繁殖などさまざまな職業に手をだした。が、むろんことごとく失敗した。養鶏だけはどうにか収入をえることができたが、やはり家族は、せっかく高校を卒業したのだからと大学進学をすすめた。最初にまず京都大学を受験したが、当然のように不合格となった。それに体調の不良から、肺結核の診断のために、西条の国立療養所の診察をうけた。これまた当然のように絶対安静を命じられた。

これでほぼわたしの人生も終わるところであったが、担任教授の推薦で、翌年、東京大学を受験して、高校最後の学制として入学を許された。もっとも、国立療養所の医師からは、東京での勉学は死を覚悟するものだという忠告をうけた。だが、たとえ死んでもよいから、いちど東京大学というものを見たいとのぞんで、出発した。むろん結核の病状はすすんでいたようだが、アルバイトと家庭の仕送りでどうにか一学期は無事におわった。しかし二学期の十月、なんと「腎臓結核」という聞いたこともないような病気になり、東京大学病院に入院して右腎臓を切除した。幸い、学術患者として医療費を無料にしてもらい、どうにか社会復帰することができたが、とても一人では生活できないので、妹を田舎から呼び寄せて、看護婦兼炊事婦として協力してもらい、なんとか卒業に必要なだけの単位をとることができた。いまひとつ好運なことは、入院中に、アメリカで新しい結核の治療薬ができて、その試供品があるが使ってみるかという提案があり、薬局を通さず、直接その試供品を妹が一週間注射してくれた。それがその後、結核菌の画期的な治療薬となった「ストレプトマイシン」である。その薬がなければ、およそ一〇年の命であろうと宣言されていたのでまったく奇跡的な出来事であった。
ともかく、わたしの青春は波乱にみちた青春であったが、それはわたしにかぎらず、敗戦後の国民がすべてあじわったことではないだろうか。ことに原爆被爆者や海外からの引揚者など、無からの出発であった。そのへんについては、一九九六年に出版した『ヒロシマの歩んだ道』に記載しているので、省略して、原爆についてのわたしの結論を簡単に紹介して終わることにする。

わたしが原爆について、ほんとうの恐ろしさを知ったのは二〇年後の一九六五年のことである。戦後ほとんど広島市ですごし、被爆した友人とはまったくなんの違和感もなく、対等につきあっていた。むしろ、病人としてはわたしのほうが保護されがちだった。たしかにビキニの水爆実験による放射能障害の危険性については、一般の人よりもより深く感じていたが、しかしマグロが食べられないといって騒ぐマスコミには、なんとなく軽薄な印象をうけた。それも当時、わたしが放射能というものがどういうものかを知らなかったからである。それはともかく、おどろいたことに、ビキニ水爆実験を契機に、原水爆実験の全面的な禁止運動が起こったことである。それが有効な効力をもったとはおもえないが、意外にも、いままでまったく無視されていたヒロシマ・ナガサキの原爆被害者にたいする救援運動がおこったことである。世界の人々も、はじめて原子爆弾が単なる爆弾とはちがって、人類の生存にかかわるものであることを知ったといえるだろう。いわゆる「反核運動」のそもそものはじまりである。

ところで、わたしが核兵器の反生物的性格について最初に暗示をうけたのは、岩波書店の『この世界の片隅で』（一九六五年発行・現在絶版）のなかの「IN　UTERO」（子宮内被爆）の項に接したことである。一般的には「早期胎内被爆小頭症」といわれているが、要約すると、三ヶ月ないし四ヶ月以内に、母の胎内で被爆した胎児の脳髄が放射線によって破壊され、いったん修復されるが、それが正常にはもどらないまま出産した子供たちのことである。出産しないまま、死産もしくは早産した胎児の比率が多いはずだが、その調査は未解決のままである。

重度小頭症児は、一九六五年の段階でヒロシマ・ナガサキ合わせて二四名だが、軽度もしくは精神薄弱児はヒロシマの場合五六名（広島大学産婦人科調査）という記録がある。いずれにしても小人数であるため、一般の注意をひくことはほとんどなかった。それは現在でもどうように、全人類との関連に関係して考える人はまったくいない。

にもかかわらず、それにたいしてわたしが強い関心をいだくのは、放射線の障害が人類の破滅を示唆するもっとも的確な指標とかんがえるからである。放射線をうけた母親たちは、誰一人として胎児が傷ついていることに気付いたものはいなかった。だが、自覚しなかったにもかかわらず、生体を構成する細胞（二三個）の一部を傷つけ、あるいは破損していたことは確実である。被爆距離にもよるが、その細胞分裂はほぼ三週間で修復しているということである（『原子力安全技術センター』）。問題はむしろ、その修復した細胞が二〇年後もしくは三〇年後に、修復不能な生体、つまりガンとなっているということである。それはむろん、すべての被爆者がそうであるというのではなくて、ある種の体質もしくは病質による少数の被爆者にかぎったことのようではある。

当時わたしは、それを数百年、あるいは数千年後の人類の未来図と想像して、懸命に小頭症問題の政治的救済を厚生省に訴えつづけた。その点について、いまでも悔いはない。ただ、なぜ現在もなおわたしの心をはなれないかというと、福島第一原発の事故によって、わたしが以前かんがえていたよりももっと早く、人類の危機が訪れるのではないかとおもうようになったからである。

その理由を簡単に説明して、この項をおわることにする。まず、わたしの考慮になかったことのひとつに、現在までに実施された原水爆実験によって放出された「放射性物質」の質量が地球全体にどのくらい残存しているのか、いままでまったく念頭になかった。しかし、放射性物質の半減期はおよそ数十年から数百万年にまで及んでいるという記録がある。主として、大海の孤島で実験されているので、住民にたいする直接の影響が問題になったことはないが、地球という限られた範囲の放射線量は慎重に計測する必要があるだろう。

いまひとつは、チェルノブイリにみられるような、原子力発電の事故による放射性物質による無人地帯の増加である。福島の第一原発地帯の事故でもみられるように、地球上のいつ、どこで発生してもおかしくない。原子力発電とは別だが、ロシアがソビエット連邦時代に核実験した地上の放射線量は厖大なものとおもわれる。それはまた中国の核兵器の製造にもいえることで、これらの計測資料はまったく知られていない。いや、むしろ計測したかどうかも疑問におもわれる。

やや視点を変えて考えてみると、厖大な宇宙の発展は原子核の分裂と融合によって生成しているといわれている。たとえば、太陽光線によって地球の生物は生存しているが、その光線は水素が核融合することによってヘリウムに壊変するさいに発生する電磁波である。それが地球にとどいたときには、放射線が消滅している。まことに稀有なことである。おそらく地磁気によるものではないかといわれているが、現在のところ、観測できる惑星のうちで、生物の存在が観測された記録はないが、それはすべて放射能の半減期にまで到らないからではないかといわれている。そのへんの正確な知識はわたしにはないが、ともかく地球の正常な大気を汚染させてはならないという知識だけは、核兵器および原子力発電の現存から警告して、わたしの原爆考をおわることにする。

その五　『日本語の空間』おぼえ書き　3

一　日本人の精神的改変

自著『日本語の空間』三部作は、江戸時代で終わっている。二千年にわたる日本人の精神的土壌は、ほぼこのあいだに完成したといえるのではないだろうか。ところが、その後の明治維新による開国と欧米諸国との交流によって、政治的にも社会的にも日本は百八十度の転換をした。その体制は明治から昭和時代前半までつづき、やがて第二次世界大戦の敗戦によって、自立的というよりも、占領下のもとに他動的にすべてが改変された。そしてその変貌は、二十一世紀の現在にいたるまで日本国の体質となっている。

ところが、わたしの心のめばえは、一九三七年（昭和十二年）の日中戦争とともにはじまり、一九四五年（昭和二十年）の太平洋戦争の敗戦とともに結着したと思われる。といえば、まるで軍国主義そのものではないかと推定されるかもしれないが、少年期の青年の心は、そう単純に鋳型にはまるものではないらしい。いまにしてそう思い知るのである。たとえば天皇陛下を神様と教えられ、またそう信じて、国のために死ぬことに、べつに疑問はなかった。ところが敗戦の翌年、天皇がみずから神であることを否定し、人間天皇であることを宣言されたとき、わたしは率直に「ああ、そうですか」と、なんの抵抗もなく納得した。それはわたしに限らず、大多数の日本人がそう感じたのではないだろうか。

それは軍国主義にかぎらず、いわゆる思想という精神の動向は、知識と生活経験のつみかさねによって、心に根付くものだからであろう。その点、戦時中の日本人を支配していた思想が、軍国主義であったということも、自分自身の知識によって納得したというよりも、戦後の外国の思想によって教えられたことであった。おそらく外国人からみれば、戦時中の日本の無謀な侵略戦争は、日本が明治以後につちかった富国強兵策の延長として、いわゆる軍国主義と思われていたのではないだろうか。当時の国際情況からみて、昭和初期の不況をのりきるための外国侵略は、たしかに異常であった。通常の国権をこえて、陸海軍の軍閥が国政を蹂躙《じゅうりん》したが、それを抑制する国民的な組織も政党もなかった。軍閥が天皇制を援用して、国民的な支持をえていたこともまた、まぎれもない現実であった。

そうした軍国主義的な歴史の経過を否認することはできない。だが、ドイツ国家と同様、日本も世界の植民地政策にのりおくれた資本主義国家として、残された弱小國を侵略し、植民地化しようとしたことは、世界的な体制の必然的な動向であったといえるだろう。それが当然許されることでなかったことは、第二次世界大戦の終結によって、歴史的に明確となった。

ところが奇妙なことに、ドイツ・日本の敗戦と同時に、かつて植民地を独占していた世界の強国が、植民地を返還して、戦後各国の大小国家が自立し、独立したことである。この世界史上の一大転換が、第二次世界大戦後の国際的な潮流であることは、今日でも正しく評価されているとはいえないだろう。だが、ただひとつ評価されることは、戦後の「国際連合」の声明によって、大国の軍事力による弱小國の国土侵略はできなくなったということである。そのために現在、弱小国にもそれぞれ民族の独自な歴史があったということを学術的に認識する動向がうまれている。こうした世界的な現象からして、二十一世紀は人類の歴史のうえでも、まれにみる平等な共存の時代になったといえるのではないだろうか。

まえがきはこれくらいにして、これからわたしが語ろうとすることは、日本の伝統的な精神が、現在（二十一世紀）大きく改変しつつあるということである。

むろんその契機は、敗戦による連合軍（主導はアメリカ軍）の占領支配によって、軍国主義から民主主義国家に改変したという他動的なものであった。敗戦から七年後、一九五二年の平和条約締結によって、日本国の自主的管轄権は返還されたにもかかわらず、日本の伝統的な精神にたちかえることはなかった。なぜそうなったかというと、それはおそらく日本の歴史のうえでは無縁であった「民主主義・主権在民」という外来思想が、昔からの伝統的な日本国民の精神を凌駕《りょうが》したからではないだろうか。そうした自覚がないまま、政治体制としても、また社会的な環境としても、民主主義思想が日本国民に受容され、国是となっている。その歴史的経過に疑問の余地はないのだろうか。

民主主義国家体制は、ヨーロッパでは三五〇年間、アメリカでは二〇〇年間、国民の生活を統制して今日まで継続されている。それが改変されて、新しい体制になることは、今後ともまずないだろう。世界の国々には、共産主義国体制、またイスラム教国体制という、民主主義とは異質の思想によって存立している国家がある。だが現在のところ、民主主義国家と対立抗争するという状況ではない。こうした現代の国際関係のなかで、日本は民主主義国家の立場を維持し、現在七〇年間をへたわけである。日本の民主主義の根幹は、天皇制中心の専制政治を排除して、国民の選挙による「主権在民」という政治体制になったことである。それは選挙によってえらばれた議員が、国会という政治のしくみによって、国民の生活を安定させるということであった。

だがわたしにとって、しばらく戦前の軍国主義と戦後の民主主義との精神的な差異がほとんど感じられなかった。戦後は高等学校の学生ということで、社会的なかかわりがなかったからということかもしれないが、当時わたしが熱中していたのはヨーロッパの文学だった。学生運動ということもむろんなかったし、勉学にしても、学校制度そのものが変革され、校舎も教科書も不足気味な情況にあった。敗戦と原爆による広島市の破壊では当然なことであったが、それは広島市にかぎらず、爆撃によって壊滅した各都市のすべての学校が直面したことではないだろうか。

いま思い返してみると、わたしが民主主義らしきものと対面した事件が二回ある。一回目は、一九四七年二月一日（戦後二年目）官公庁組合員の全面ストライキの計画で、わたしたち高等学校の学生もストに参加するかどうかの学生大会がひらかれた。学校を休むことなどなんでもないことだったが、そのときはじめてわたしは集団の力というものを実感した。生徒会の委員長をはじめ、四、五人の委員が立会演説をしたが、わたしはなにを言っているのかさっぱり理解できなかった。ただ、各委員が「社会主義」ということばをしきりに使っていることにおどろいた。戦前の教育をうけていたわたしにとって、そのことばは大変危険な思想であると思っていたからである。

ともかく、学生大会はストに賛成という熱烈な拍手で終了した。この大会によって、わたしは民主主義とは社会主義のことだというようにうけとったように思う。その後の資料によると、一九四七年一月三十一日の夜、GHQ（連合国最高司令部）のマーカット経済科学局長が、ストライキ計画の最前線にたっている全官公庁共闘会議議長の伊井弥四郎《いいやしろう》を呼びつけ、「国家の安定を乱すストライキは許さない」という禁止命令をくだした。むろんマッカーサー総司令官の指示によるものであろう。

なにしろ、スト前日の夜のことであり、それを全国の共闘会議議員に伝達することは不可能であった。そこで伊井氏は、国営放送のラジオで全国組合員にそれを知らせることの許可をＧＨＱに願いでて許可された。おそらく八時か九時ころの重大ニュースで、

「ストライキはやむをえず中止することになりました」と伊井氏は放送した。そしてその放送の締めくくりに、

「最後に、私は声を大にして、日本の労働者、農民のバンザイを叫びたいとおもいます。一歩後退、二歩前進、労働者、農民、バンザイ。われわれは団結しなければならない」

と結んだ。それにしても、わたしの記憶ではほとんど夜中に、明日のストが中止になったという、知人からの報せをきくというあいまいなものであった。それで、なにごともなく、二月一日の日常業務がはじまっていた。今日、歴史的な通史を読んでも、この事件はわずか一行か二行、触れているにすぎない。全面ストはほんとうに出来合いの計画だったのだろうか。そうではなかったとしても、やはりこうした結末にいたったことは、当時の日本が占領下という異常な政治的状況にあったということであろう。

そこで、最近の研究書（『昭和史・戦後篇』半藤一利）の解説を読んでみると、

「全官公庁といえば大蔵省から東京都まですべての役人ですから、たいへんな人数のストが計画されました。当時は国有鉄道ですから、電車もすべて止めるというものすごいゼネストです。私も

よく覚えていまして、もし成功したら、たちまち人民内閣ができあがって、日本は社会主義国になるのじゃないかと予感させる大きな動きでした」

もっともこれは、さきにも紹介したように、一月三十一日の夜、ＧＨＱによって禁止されたのだが、それ以前に日本国民の社会主義的な動向は、一九四六年ころから活発になっていた。そのひとつは、一月十三日、共産党の大物である野坂参三氏が中国の延安から帰国して、国民的な人気をえたということもあった。これは戦前の左翼思想にたいする弾圧の反動ということで、ジャーナリストや知識人が煽動したということにもよるだろう。だがいまひとつは、国民全体にわたる空前の食料不足という、当時の社会不安にもとづく一種の大衆的な社会活動でもあった。たとえば前書によると、

「さらに一週間後の五月十九日、東京都民全体規模の「飯米獲得人民大会」、いわゆる食料メーデーが日比谷公園でひらかれ、おおいに意気があがり、参加者は二十五万人に達したといわれている」

ともかく、日本国内ぜんたいが社会主義化の方向に向かっていたことは歴然としている。ただこの風潮を事前に抑制することになったのは、二・一ストにたいする「ＧＨＱ」の介入であった。この事件ののち、占領軍の戦後日本にたいする開放的な民主化の方向が、歴然と反動的になってきた。しかしそれは、たんに占領下の日本にかぎったことではなくて、世界的な社会主義化の傾向にたし

て、英米仏など自由主義国が警戒をはじめた時代となったからでもある。その例証として、半藤氏の前書の一部から引用してみよう。

「まず一九四六年（昭和二十一年）三月五日、イギリス首相チャーチルが、【鉄のカーテン】という言葉が世界的に有名になった演説を、アメリカ旅行中のミズーリ州フルトンという町で行いました。

……バルチック海のステッチンからアドリア海のトリエステまで、ヨーロッパ大陸を横切り鉄のカーテンがおりている。その背後に……弱小であった共産党が、いたるところで全体主義的な支配をしこうとしている……。

ソ連邦が東欧諸国をつぎからつぎへと押さえて共産化し、まさにヨーロッパが真っ二つに割れ、東側つまりソ連側からは一切の情報が出てこなくなった。同盟国として協力して、ドイツや日本を打ち破ったはずの米英と、ソ連ならびにその衛星諸国とは真っ向から対立しはじめたというのです」

日本における二・一ストも、こうした世界的な風潮のなかで計画されたものといえるだろう。ただマッカーサー最高司令官は、こうした民衆の政治的な動向については無関心だった。なぜなら、かれは戦後日本の政治的、軍事的統制については絶大な自信をもっていた。庶民による労働組合の闘争などほとんど問題にしていなかったようにおもわれる。むしろアメリカ本国の国務省当局が、世界の動向を察知して、占領下の日本の左翼的傾向に関心をもったようである。その点、マッカーサー自身が軍政部で成長し、政治面にはほとんど関与しなかったという職歴にもよるといえるようである。したがって彼は、日本におけるあいつぐ労働組合の結成についても、戦後の民主化へのあゆみとして容認していたようである。だが、アメリカ本国の国務省としては、日本の全労連のゼネストということになると、社会主義化への一歩という懸念から、急遽《きゆうきよ》GHQに中止の指示をだしたのではないだろうか。

そう予測されるのは、二・一ストの中止命令がほとんど寸前であったことと、指令をだしたのがマッカーサーではなくて、経済科学局長のマーカットであったということからも推察される。だがこの中止命令は、その後の日本の社会主義の動向からすれば、必要かつ適切であったといえるだろう。たとえば、スト中止の三ヶ月後におこなわれた四月二十五日の衆議院選挙では、社会党が第一党となり、党首の片山哲氏が首相となって、日本はじまって以来の革新的な社会党内閣が成立した。議員数を紹介すると、(社会党一四三・自由党一三一・民主党一二四・国民協同党三一・共産党四・日本農民党四・諸派一六・無所属一一)である。

自由党の吉田内閣は引退し、片山哲氏が民主党・国民協同党との連立内閣を構成した。敗戦後の虚無的な時代のながれとはいえ、政治的にはずいぶんあやうい国情であったといえるだろう。当時、わたしをはじめすべての日本人が、食料の危機や生活の不安から、社会改革をおこなう余裕などなかったようにおもうが、国会では一ヶ月後の五月十四日、社会党左派の幹部が共産党との絶縁を声明している。しかし共産党の勢力は、つぎつぎと発足した各労働組合を背景に、隠然たる影響力をおよぼしていた。それは、その後に発生した労働組合の各種の暴動的な事件からも推定される。各事件の説明については省略するが、社会党内閣自体、内紛と保守的な連立与党との紛糾から、翌年の二月十日総辞職して、民主党党首の芦田均内閣に交代している。やはり社会党、国民協同党との連立内閣で、保守的になったとはいえ、社会党左派の反撥はつよく、国務相の西尾末広（社会党書記長）の献金受領による辞任など、紛糾《ふんきゅう》はたえなかった。十月七日、昭和電工の贈賄疑獄事件で芦田内閣は総辞職する。結局、革新政党は片山内閣（一九四七年五月二十四日〜四八年二月十日）から、芦田内閣（一九四八年二月十日〜十月七日）までの、ほぼ一年六ヶ月で終焉することになった。したがって、わたしの最初の民主主義とのであいも、この政変で終ったことになった。ただ、そのころのわたしには、こうした政治の仕組みなどわかるはずもなく、ただ敗戦の混乱と生きるための日常生活にきゅうきゅうとした日々であった。それはわたしにかぎらず、当時の日本人の一般的な生き方でもあった。

ちなみにつけ加えておくと、一九九四年六月三十日〜九六年一月十一日まで、三党連立の村山富市社会党内閣が成立したが、それはほとんど奇跡にちかく、日本の政治は一九四八年の民主党芦田内閣の崩壊後、自由党と民主党の一部が合併して、第二次吉田茂内閣が成立して以来、今日まで六〇年間ちかく、自由民主党を主体とする保守的な資本主義内閣がわが国の政治体制であった。

それがわが国の民主主義政治の実体であり、かつ戦後の日本精神の本質であるというふうに今日語られている。だが、その戦後の思想にたいしてわたしはいささか疑問をいだいている。その点について、この項を書いてみようという気になったわけである。そうした疑問は、たぶんに私個人の人生観に由来するものであって、社会通念とは違っているかもしれない。だが一考にあたいするというおもいはいだいている。

まず民主主義とはどういうものか、その外来語について、『哲学事典』から引用してみることにしよう。Democracy（英語）はギリシャ語のdemokratiaが語源で、demos（人民）とkratia（権力）の結合語である。つまり人民による政治形態を意味している。当時プラトンは、民主政治を大衆的欲望の支配する低俗な形態とみなしていた。たしかに近世まで、政治は少数の権力者や上流階級による支配体制であった。政治が市民社会の一般的な形態とみとめられるようになったのは、十六世紀を頂点として、西ヨーロッパ諸国に発展したルネサンス以後のことである。ルネサンスは市民に人間的自覚をうながすものであった。だが十七世紀になると、一般市民の自出性は貧困によって挫折した。そして富裕な市民が、土地を所有する封建的な貴族勢力と協力し、国王を中心とする専制国家を復元した。その権力は農民や労働者など一般市民を抑圧して、ヨーロッパ各国に王朝国家が誕生することになった。

こうした王朝を中心とする保守的風潮にたいして、思想的批判を最初になげかけたのは、フランスの哲学者ルネ・デカルト（一五九六〜一六五〇年）である。だが、かれが生きた時代はこうした絶対王朝の専制時代であった。したがって、近世哲学の祖といわれるかれの思想は、フランスの反動的な社会とはあいいれない性格のものであった。保守勢力の圧迫をさけるために、彼は注意ぶかく神学的な仮面を身につけて、複雑な二面性によって非難をかわした。そのために、彼の思想を理解するには試行錯誤（保守と革新）の思索が必要であるといわれている。

ともあれ、彼の哲学の原点といわれている「我思う、故に我あり」という命題からみてみることにしよう。「我思う」という命題は、まず人間の理性が「すべての事物の認識にいたる手段」であるためには、現存するいっさいのものを疑うということから出発しなければならないとした。そして最後に疑いえないものは、「我が精神的な思惟」であるという結論に到達する。それが「我思う」ことの意味である。そうして、その精神的な思惟を支えているものは「我が個体である」という、精神と物体という「二元論」がデカルトの根本思想であった。だが、中世キリスト教神学の専制的な信仰の時代に、「神」よりも「我」という人間主体の原理はとうてい許されることではなかった。したがってデカルトは、「我思う」という精神は、生まれながらにもっている生得の観念であり、それは「神」によって与えられたものであるという、神学的世界へと転化した。だがこの妥協は、その後のフランスの啓蒙思想の発展にとっては決定的なマイナス要因であった。ところが奇妙なことに、その変身はその後、ドイツにおける古典的観念論を醸成する糸口となったというから、彼の先進性は高く評価されている。

ところで、もうひとつの「我あり」という理念について考察してみよう。これは対外的物体の存在（実在性）を示唆した言葉である。したがって、物的世界は物質の無限の延長であって、あらゆる自然は物質的に統一された一つの大きな機械的装置（唯物性）にほかならないということである。デカルトのこの自然観は、イタリアのガリレイなどすぐれた科学者たちによってようやく援用され、科学的方法を哲学的に体系づけたといわれている。したがって、その後の科学の発展におよぼした影響は大きく、デカルトはすべての機械論的唯物論の原型を示唆した最初の人物といわれている。

しかし生存中のデカルトは、フランスにおけるジェスイット派の唯神論的攻撃と、ルイ王朝の専制的な封建社会から敬遠され、一六二九年に祖国を去って、スペインから独立してまもない自由な国オランダに移住した。そこで二〇年間哲学の研究に没頭し、かれの著作のほとんどはこの地で書かれたといわれている。ところが、そこでもまた一六四三年、ユトレヒト大学で「無神論」のかどで論難され、書物をはじめ、いっさいの交際もゆるされなくなった。四八年、ルイ十四世のフロンドの乱（絶対王政反抗の内乱）の直前に故国に旅したが、そこでも社会的には受け入れられず、失意のうちにあった。ところが、かれのよき友であり、また理解者でもあったスウェーデンの女王クリスティナの招請があり、四九年九月、北国の寒気を敬遠しながらストックホルムに移住した。だが、まもなく寒気にたえられず、翌年二月肺炎にかかり、五十四歳で亡くなっている。後世の、先駆者としての業績の栄誉とは対象的に、デカルトの一生は苦難の人生であった。それは専制的封建社会からの受難であったが、それ故にこの項では、かれの先見の明をやや詳しく紹介することにしたのである。

二　民主主義社会につながる具体的な契機

つぎに、今日の民主主義社会につながる具体的な契機となったのは、イギリスの政変とジョン・ロックの「社会契約説」であるが、それについてふれることにする。

ジョン・ロック（一六三二～一七〇四年）は近代民主主義の代表的な思想家といわれている。十七世紀、イギリスでは二度の革命がおこった。その一つはピューリタン革命（一六四二年）で、いま一つは名誉革命（一六八八年）である。この名誉革命は人民が参加しない議会内の無血革命によって、徴税権、徴兵権、軍事支出の権利章典を、オランダからむかえた新王ウイリアム三世にみとめさせたもので、その指導的理論家となったのがジョン・ロックであった。これは人民によらないブルジョア革命であったが、その後の民衆によるフランス大革命（一七八九年）にあたえた影響には、「近代の個人的自由と人権の擁護」というロックの思想の主体的認識が、フランスの庶民をめざめさせたという隠然たる普及の歴史がある。

だがなぜかれの思想が、こうした革新的な政治的影響を生みだしたかというと、当時の社会が神学を中心とする保守的な社会であったにもかかわらず、イギリスではピューリタン革命など、ガリレオ・ガリレイなどルネッサンスにはじまる自然科学の合理的な時代精神がそだっていたからである。それにたいしてロックは、みずからの目でみる「観察と実験」によって、自然の物体を解明するという経験的な考察の方向を示した。それはなにも科学にかぎったことではなかった。人間にとって確実な知識をうるには、われわれにそなわっている「感性と悟性」によって、人間の知識の起源とその範囲を検討しなければならないとロックはいった。当時、学界を支配していた教会のスコラ的研究を否定して、すべては個人の感性にもとづく経験からはじまるという、今日からすればしぜんな科学的方法論を提示した。

ロックはまず、政治哲学を人間のおかれている「自然状態」の叙述からはじめている。自然状態とは、人々を拘束するのは優越した権威者によるものではなく、理性によってお互いに自由かつ平等な生活をおこなう個人的社会の状態のことである。したがって、このような無政府状態における人間の制約は、経験によって統制される「自然法」だけである。自然法は自己の生命を保存するとともに、他人の生命、自由、財産を尊重し、侵害してはならないということである。しかし自然法の執行には利害の対立もあり、相互の安全をうるためには、個々の他人と同意する一定の協同社会の統一が不可欠である。それがつまり、個人への干渉を最小限に規制する民主的政府を樹立する要件であるというのがロックの説であった。

これはアメリカの独立宣言（一七七六年）にも具体的に表現されているので、その要約をみることにする。

「……すべての人間は平等につくられ、他人にゆずり渡すことのできない一定の権利があたえられている。……これらの権利を確保するために政府がつくられ、その正当な諸権力は、被治者の同意にもとづく……」

というものであり、それは同時に、フランスの人権宣言（一七八九年）に通ずるものである。その要約を紹介してみよう。

「……人間は生来、権利において平等である。政治社会の目的は、人間の自然の、時効にかからぬ権利であり、これらの権利は、自由、財産、安全および圧政への抵抗である。すべての主権の原理は、本質的に国民に存する……」

以上によって、民主的政治の初歩的契機を理解するに必要な基本的知識について説明したといえるだろう。むろんその後、一世紀にわたる専制君主と庶民とのはげしい闘争によって、現在の民主主義的政治が成立したことはヨーロッパの歴史によって明記されていることである。ただ、国民の選挙による民主的な政府がうまれたのは、一八三二年、イギリスの「選挙法改正案」による普通選挙制の実施以降ということである。それまでの政変はブルジョア革命といわれている。それは一部の富裕階級と知識人による専制君主政治への改変であって、主権在民ではない。ところで、戦後日本に導入された民主主義はアメリカで生まれた比較的新しい民主主義で、ヨーロッパのそれとはかなり違っている。それがどういうものかをみてみることにしよう。

一六二〇年初頭、イギリス国教の抑圧にたいして、宗教的自由をもとめてピューリタン（清教徒）たちが北米に移住してきた。それから一七五〇年代半ばまでに、アメリカ東部太平洋海岸に一三の植民地が建設されている。一七五六年、ヨーロッパで七年戦争がおこり、イギリスは財政難におちいったため、植民地に課税を実施する。砂糖税、印紙税、ついで七三年、お茶の販売をイギリス東インド会社製品のものにかぎって認めるという制約をした。これに反撥した市民が、ボストンに停泊していた東インド会社の船をおそって、積荷のお茶を海に投げなげすてた（ボストン茶会事件）。イギリス政府はとうぜんその報復措置のために軍事力を植民地におよぼした。植民地側は一三の植民地各州の大陸会議を招集して、軍事力の撤回をもとめ、ついに独立戦争がはじまる。七六年、ジェファソンの「独立宣言」が発表され、ワシントンの総指令官のもとに善戦し、フランスなどの支援もあって、八一年のヨークタウンの戦いに勝利して、一七八三年パリ条約によって、一三の植民地が「アメリカ合衆国」として独立を承認された。ところが独立と同時に、一三州を統一していた「大陸会議」は活力をうしない、各州は独自の国内改革に専念し、イギリス政府の和平条約を遵守することもできなくなった。それゆえ、戦争の終結時に占領した地域をイギリス政府は手放さなかった。このほかにも多数の無秩序が発生し、大陸会議は和平を締結して軍隊を解体したが、兵士の給料を支払う資金もなかった。そのために武器を手にした兵士があてもなく略奪をこころみるという横行闊歩も発生した。

このような事件がきっかけとなって、諸州を統一する中核が必要ということになり、一七八七年五月、合衆国憲法立案の代表者会議が招集された。しかし、州を解体して国家を創設するという根本にまではいたらないで、まず連合国をもうけるということからはじめた。したがって、その憲法の序文には、

「我ら、合衆国の人民は、より完全な連合を形成するため……このアメリカ合衆国の憲法を制定し、

確立する」と書かれている。（チェスタトン著・中山理訳『アメリカ史の真実』）

一七八九年四月、第一回合衆国議会が開催され、ワシントンが初代大統領に選出される。ここではじめて、十三州の植民地諸州が連合して「アメリカ合衆国」が誕生したことになった。そして現在、北アメリカ大陸の大西洋沿岸から太平洋沿岸、およびアラスカ・ハワイにいたる五十州が連合して世界の大国となっている。近代に、こうした新しい大国が世界に誕生したことは希有なことである。ほとんどが大西洋を横断して北アメリカ大陸に渡来したヨーロッパ各国からの移民であった。褐色人種の統治はみとめられなかった。しかし広大なアメリカ大陸の開発には、アフリカから輸入された奴隷制黒人をはじめ、メキシコ人や中国・日本など低開発国の移民の労働力は必要不可欠であった。そのため、移民の増大にともなって、太平洋沿岸地区には中国人町や日本人町が生誕した。こうした異民族の増大を規制するために、一八八二年には中国移民禁止法案が設定されている。

それにしても、各種の異民族によって、各個に存立するアメリカという独立国は不思議な国である。それはまさに国名のしめすとおり合衆国である。各州は独自の立法と議会をもち、自治行政が許されている。ではいったいアメリカを統一している連合政府とはどういう存在なのだろうか。

その政府を構成する主体は大統領府である。大統領は各州の議員によって選挙され、任期は四年で、再選もありうる。その権力はかっての専制君主にも匹敵するような強力なものであった。ただ、それは行政府にかぎったことで、立法府としては各州の人民によって選挙された連邦議会が独自の権力を掌握していた。つまり、アメリカ合衆国は行政と議会との二本立てである。それはイギリスの政治から学んだ専制政治ではなく、フランスの十八世紀の思想家たちによって表明された共和制であった。それが今日まで、アメリカ合衆国という大国を維持してきたのは、大統領にしろ、連邦議員しろ、いずれも人民の選挙によって選ばれるという主権在民の「民主主義」の原則にもとづくからである。

もっとも、独立以来一貫して統一していたわけではない。一八六〇年にはサウス・カロライナが合衆国を脱退、ついで翌年、南部諸州が脱退し、アメリカ連合国（連邦）を結成している。つまり合衆国は二分したわけである。独立して八〇年ちかくもたって、なぜいま、分離することになったのか。歴史的には、北部の奴隷制黒人反対の方針にたいして、南部諸州は奴隷制黒人の活用が必要不可欠であったから、その対立だといわれている。しかし奴隷問題だけではなく、その要因にはいくつもの現象がかさなっていたようである。

たとえばまず、国会議員の出身数が、南部のばあい北部の三分の一にもたりない情況になったということがある。というのも、人民の選挙によって選出される下院議院で、一八六〇年当時、北部の人口が約二〇〇〇万人にたいして、南部の人口の半数は奴隷黒人によって占められ、選挙権のある市民は五五〇万人たらずということであった。むろん、国会開設当初は黒人の五分の三にも選挙権をあたえるというものであったが、奴隷制のもとでは読み書きもできず、ほとんど無効であった。

したがって、国会の議事録ほとんど北部の提案通りに決定するというものであった。

こうした、北部と南部との人口差は産業のちがいによるものである。北部は工業（中小企業）を主体に発展し、南部は農業（たばこ・綿花など）によってゆたかになっていった。北部の寒冷な気候は黒人には適応できず、ほとんど家庭内の使用人として雇用され、工業労働者はヨーロッパの東部（ドイツ・ロシヤ）南部（イタリヤ）からの移民によって増大されていった。なお、厖大な内陸部の所有地と太平洋沿岸地区の開発によって、横断道路や鉄道などが敷設され、太平洋側に迂回する艦船も建造されるようになった。

これにたいして南部地区では、イギリスで紡績機械が発明され、綿花の需要が増大したのにともなって、奴隷黒人による大規模な綿花農地が開発され、それはさらに未開発の西部諸州への進出がはかられた。したがって、イギリス本国への綿花の輸出と、日用品の安価な輸入の販売益は、合衆国の政府をささえる大きな財源となっていた。

こうした南北の行政と産業の格差は、はやくから南部各州の自立の気運をたかめていた。ただ、北部では民主的な行政のまとまりがあるのにたいして、南部では自立したゆたかな富裕階級が独立して、合衆国よりも州の行政権主体の独立制が優先していた。こうした南部人を州権論者というが、それが分裂の要因として、合衆国から独立するような有力なものではなかったが、たまたま、素性のしれない、偶発的に選出された合衆国大統領が当選したことによって、かねてから州権論派の積極的な州であったサウスカロライナが、一八六〇年十二月の州議会で、合衆国からの脱退を決議し、独立国を宣言した。そして星条旗を引きおろし、「パルメット旗」という、ヤシの木と三日月をあしらった州旗を公共の建物にかかげた。

素性のしれない大統領というのは、じつは第十六代大統領リンカーンである。リンカーンが当選して一ヶ月もたたないうちに、サウスカロライナが合衆国から脱退した。当時、新大統領の権限は四ヶ月後に施行されるという規約になっていたので、サウスカロライナの脱退にたいして、現役の旧大統領ブキャナンはほとんど有効な手段をこうじなかった。まず共和党（リンカーンを選出）に投票した北部議会への非難からはじめて、ついで州の離脱は憲法上の権利がないという法的な声明を発表するにすぎなかった。

翌年、サウスカロライナにつづいて、南部六州が合衆国から脱退し、アメリカを二分割する瀬戸際にたった。翌年三月から新大統領の権限をえたリンカーンはどうしただろうか。まず奴隷制を廃止する政策のないことを宣言した。そうしてワシントン（首都）に各州の議員を召集することを発令する。むろん南部の国会議員が応じないことは承知のうえでのことである。しかし、それ以上の強権は行使しないで、南部各州の動向を冷静に観察していた。だが、国会の召集に応じないことは、南部各州の議員たちも合衆国憲法に違反していることは自覚していたことであろう。

こうした穏健な措置は、南部人たちに選出前のリンカーンにたいするイメージを変えさせた。当時、出まわっていたリンカーンの噂は「黒人奴隷制廃止論者」であり、外見がゴリラに似ているということくらいであった。それは南部にかぎらず、北部でも「レイル・スプリッター（丸太から横木をつくる人）」とよばれ、下級の労働者が大統領になったという奇異な評価をされていた。たしかにリンカーンは、ケンタッキー州の貧しい労働者の家庭の出身で、イリノイ州で独学で勉強し、立派な法律家となり、一八四六〜四八年まで下院議員となっている。しかし次期の連邦上院議員には立候補しなかった。本人の話によると、政治にたいする興味を失いつつあったということである。それがなぜ、一八六〇年の大統領選に出場することになったのか。

リンカーン選出がきまったのは、共和党北部としては西部地区をおさえることが重要だということと、西部とかかわりのふかい出身のリンカーンに熱心なあとおしがあったということである。だが、シカゴ大会で推薦され、そのご全国でも推薦されたが、ほとんどの選挙民の先入観は、かれが卑しい生まれにもかかわらず、「横木をつくる」技術があり、火かき棒を指にはさんで曲げる力があるという噂くらいのものだった。大統領に当選したリンカーンは政庁に登場するとき、自転車で乗りつけたが、それも人々にいちまつの不安をあたえたということである。

リンカーンの外観は背がたかく、筋骨はたくましいが、顔貌は醜悪だった。しかし、穏健な人柄で、またユークリッドの幾何学を解くのが趣味というような、頭脳明晰で独創的な頭脳の持ち主でもあった。そして実務家として、南部諸州にたいしてどこで線引きをすればよいかも心得ていた。

南部脱退の問題にたいしては毅然とした意見をいだいていたが、

「連邦の法律が全州で忠実に施行されるためには、政府にぞくする所有物や場所を保持する必要におうじて、税金と関税を徴収する権力は行使するが、それを越える干渉も強制もしないつもりだ」

と大統領宣言で公言している。

南部の州権論者にとっても、この発言が独立宣言の憲法にのっとった正論であることは承知していた。大統領のこの節度ある言動は、アラバマ州の離脱派指導者に、

「南部連合国に血の洗礼をほどこさないかぎり、アラバマは一ヶ月もたたないうちに連邦に戻るだろう」

といわせている。だが不幸にして、戦端はサウスカロライナのチャールストン港からはじまった。そこには連邦政府の兵器庫につかわれている要塞があった。サウスカロライナは要塞をあけわたすように政府に要求した。とうぜん合衆国は拒否したため、州権政府が軍事力を行使した。それにたいして守備隊は防戦につとめ、備品を使いはたし、飢えて全滅する瀬戸際にたたされた。リンカーンは守備隊に食料と必要物資を輸送する船を派遣した。しかし、州政府はイギリスの軍艦に要請して輸送船を撃退させている。そして要塞の星条旗を引きおろして、南部連合國の「パルメット旗」をかかげた。

この報せをきいて、北部二〇〇万人の市民は怒りのさけび声をあげた。リンカーンは民意のなが

れを察知して、星条旗と連邦を守るために七万五〇〇〇人の民兵を募集したが、それはただちに集まった。ここから、いわゆる「南北戦争」がはじまったわけである。

一八六一年四月十二日、南北戦争がはじまり、六五年四月九日に終結した。四年におよぶ内戦である。北部の戦死者三六万人、南部は二六万人で、合衆国の歴史上例をみない大量戦死者といわれている。戦いはむしろ南部に有利であったが、大統領の人柄と、戦場となった南部の悲惨な混乱が、南部連合国のひとびとに、合衆国への復帰をのぞむようにさせたという。その要望にこたえるように、六五年四月十一日、リンカーンは連邦再建策の演説をおこない、翌水曜日、内閣を召集して、再建問題についてのアイデアを提案した。そしてその夜、リンカーン夫妻はイギリス喜劇の特別公演を観覧していた。

そのとき、致命的な一大事件がおこり、国家の運命はがらりとかわった。狂信的な南部グループの陰謀団のひとりが、大統領のボックスにおし入り、大統領の耳のうしろから銃で直撃した。リンカーンは三時間後に絶命している。

北部の民衆は激怒し、南部諸州は悲しみにしずんだ。州権派のアメリカ連合国（南部諸州）は壊滅したが、元の合衆国にそのまま復帰することはゆるされなかった。合衆国は守備隊を各州の政権政府の監視のもとにおいた。それはリンカーンの後任となった副大統領のジョンソンが辞任して、グラントが新大統領になった一八七〇年までつづき、南部諸州はようやく連邦に復帰することができた。

アメリカの歴史では、これを南北戦争とは規定せず、内乱としている。しかし世界史では、北部の黒人自由論にたいして、南部の奴隷制黒人維持という争点が南北戦争の原因というふうに解釈されている。だが、奴隷制輸入から六〇年もたって、なんでいまさら争わなければならなかったかという点で、奴隷制廃止論は観点がずれているというのが現在の視点である。問題はむしろ、北部と南部との産業経済の発展の差によるものというのが実情に近いのではないだろうか。北部は近代工業の成長とともに、人口も経済も進展したのにたいして、南部は綿花の栽培による輸出の増収と、外国製品の輸入によって、ゆたかな生活を維持していたが将来の発展性はなかった。しかし、綿花の増産には奴隷制黒人は必要不可欠であった。その点たしかに、黒人問題は重要な要因ではあったが、それよりもむしろ、合衆国議会および大統領選挙において北部が圧倒的多数をしめ、選挙権のない黒人人口の多い南部では、国会議員数が年々減少していった。やがて南部は北部合衆国によって専有されるだろうという危機感が発生したことはしぜんなことであった。

そうした風潮のなかで、たまたま南部地区の出生地でもあり、農家出身の無名の市民が北部地区の代表として大統領に選ばれたということもあり、一八六〇年第十六代大統領リンカーンの就任とほとんど同時に、サウスカロライナが合衆国のサムター要塞を攻撃したということである。そして「星条旗」をひきおろし、「スターズ・アンド・パーズ」という南部連合の旗をその場にたてた。この報せをうけた北部の民衆は「合衆国国旗」にたいする侮辱として、二〇〇万人の人民が怒りの叫びをあげたという。

以上、南北戦争についてかなり長く説明したが、実は、この内戦（アメリカ史による）はアメリカ大陸にまたがる五〇の州権国家がひとつの国に統括されて、今日世界の大国となっている歴史のうえで、唯一の政変であった。史上では南部六州が脱退し、さらに五州が加わって一一州のアメリカ連合国ということになっているが、独立の機運は一七州におよんでいたということである。それはアメリカ大陸という広大な地理的条件にもよるが、各州の民族・種族や宗教のちがい、また生産構造や貧富の差など、それは現在でも合衆国の難点である。それをかろうじて今日まで大国として統率しているのは、大統領制と民主主義による各州代表の連邦議員連盟によるものである。つまり行政府と立法府との二権独立制である。合衆国連邦政府は大統領のもとに、軍事・外交・貿易・国際会議などの役割をはたすが、各州政府の自治権に干渉することはできない。概略的にいってみれば、アメリカ合衆国の八割は各州の連盟国であり、国家を代表する大統領政府は二割の権限をまかされているにすぎない。

多少煩雑になるが、合衆国の政治のしくみについて、かんたんに紹介してみよう。まず大統領の任期は四年間であり、その辞任にはいかなる機関も関与することができない。つまり専任君主的な権限があたえられている。だが立候補から当選まで、ほぼ二年間を要するという。まず各州の選挙人による推薦議員の選出によって、大統領選挙の議員が確定し、そののち全州の当選議員の投票によってえらばれるという間接選挙である。大統領は二選まではゆるされるが、それ以上は立候補できない。かつて四選まで専任した大統領（フランクリン・D・ローズベルト）が一人いるが、むしろリンカーン（一八六五年四月十四日暗殺）にはじまる大統領在任中の暗殺事件がその後も多いのも、こうした合衆国の複雑な国情によるものであろう。

ついで、日本の国会にあたる「連邦議会」について紹介すると、「上院」と「下院」の二院制で、上院は州の人口に関係なく、州の代表として二名、州民の直接選出によってえらばれる。現在、五十州あるので一〇〇名の上院議員がいる。下院は各州の人口に比例して、小選挙区制によって選出される。任期は二年で、現在四三五名（一九一一年以降）だが、州の人口に比例するので、国勢調査によって十年ごとに議員数がかわる。

上院・下院の政治的権限は、日本の国会とちがって、行政府と孤立した存在で、議員は行政役員となることはできない。ただ、すべての法案は議員立法の承認をうる必要があるので、実質審議をおこなう常任委員の権限はつよい。しかし、議員のおもな役割は、国家よりも自州の利害を擁護し主張する代表者という志向にしたがっている。したがって連邦議会の議員というよりも、各州の行政を代表する議員連盟が、アメリカという大国を支えているといえるのではないだろうか。

州知事の権限は、大統領とほぼおなじくらいの権限があたえられている。たとえば、暴動や侵略のおそれのある事態にたいしては、州軍の最高司令官として暴動の鎮圧にあたり、州民の安全を確保するためには戒厳令を発令することもできる。また、近年の大統領選をふりかえってみると、州知事を経験した人が大統領となっているところが多い。

連邦議会や州知事の現状から、アメリカ合衆国という国は、各州の独立自治体の統括集団と理解したほうが実体にちかいのではないだろうか。もっとも、第二次世界大戦以降、世界の指導的立場にたつようになって、現在、州主体の体制よりも大統領の権限が優先している。こうした大統領の権力の強大は、各種の国際紛争の介入や、世界中に駐留する米軍の軍事費の負担から、かつての豊かな国家財政は赤字となり、緊縮の必要にせまられている。

これまで民主主義についてながなが叙述してきたが、それは現在の日本の政治が、太平洋戦争敗退後、アメリカの民主主義政体に準じて改変されたことを知るためであった。そのなかでももっとも異なる点は、日本の行政の首相が同時に国会の首班でもあるということである。いわばアメリカの州権制度がそのまま日本の国政となっている。大統領という専制的な権力者は存在しない。天皇というかつての専制君主は、げんざい象徴として容認されているにすぎない。

こうした民主的な国体にわたしは満足しているかというと、内心不安をおぼえている。それはなぜだろうか。私自身もその原因はわからない。ただ内心の隠然とした心情からいえることは、日本の伝統的な精神がげんざいの民主的なわたしの生活のなかに息づいていないということである。選挙にしても、社会生活にしても、新聞やテレビによって啓発された知識によって理解し、それを自分自身の判断というふうに思っている。それはわたしにかぎらず、大多数の日本人が常識としていることであろう。

では、それ以外になにがあるというのだろうか。むろん家庭生活、仕事関係の業務が日常の大半である。いやむしろ、それ以外に心をわずらわせることはないといってもいい。そのてん、戦後日本の民主主義的国家体制はそれなりに安定成長してきたといえるのであろう。第二次世界大戦による敗戦後の非力な国情からすれば信じられないような発展である。むろん日本国民の勤勉と素質によるのだろうが、やはりアメリカ政府の寛容と援助によって助けられたことは世界が容認しているところである。

ところで、民主主義的思想というのは人生の社会的なかかわり方に関する指針にほかならない。それが個人の心の喜怒哀楽を支配するものでないことは言わずと知れたことである。おそらくわたしが隠然とした精神的不安をおぼえるのは、おそらく人間的な生（生きること）の意味とでもいうものではないだろうか。言ってみれば、それは従来から人間の根源的な問題でもあった。そのために人類は、神とか仏とかという、超自然的なシンボルを創造してきたことは、世界の創世記のうえでも表記されていることである。

　むろん民主主義は宗教を否定するものではない。だが宗教的な絶対者を容認する必要もなく、社会的な組織はスムースに運営されている。現在、戦前の日本ではかんがえられなかったような、自由で平等な権利が保証されている。宗教がなくても、わたし自身はそれで満足しているといっても過言ではない。おそらく、ほとんどの日本人がそう言えるのではないだろうか。

　わたしがふしぎに思ったのは、アメリカの国民の九十％以上が神を信じているということである（『早わかりアメリカ』池田智・松本利明編）。


　「十七世紀初頭、アメリカへ入植したピューリタンの最大の目的は「丘の上の町」を建設することであった。一六三〇年、マサチューセッツ植民地の総督であったジョン・ウィンスは、アメリカ上陸を目前に、「もし我々が神から与えられた特別の任務を遂行できなければ、主は我々を決してお許しにはならないであろう、と旗艦アーベラ号上において説教したと伝えられている。アメリカ人にとっての神の存在への意識は、この時代から現代まで変わってはいない」（前書による）

たとえば、アメリカでは毎日使うお金にも「我ら神を信ずる」と刻印されているという。また、

「食前の祈り」「教会への出席」も五八％前後ということである。

日本でも、食前の祈りというか、手を合わせて「いただきます」というのは、ほとんどの人が無意識のうちにおこなっている。それが宗教とかかわりがあるかどうかはわからないが、日常生活のなかには、自然からまなんだ習性のようなものがわたしたちの生活の根底にはある。「今日はよい天気ですね」と、近所の人とあいさつをかわすのも、だれに強制されたわけでもないが、しぜんな風習である。そのほかさまざまな現象に無意識な衝動がはたらいていることはいうまでもない。それはおそらく伝統的な生活習慣からうけついだものではないだろうか。したがって、それは国々によってちがっているが、世界に共通して現存しているといえるのではないだろうか。

三　日本の伝統的な風習「神社神道」

ところで、こうした日常的な風習とはちがって、宗教とかんけいがあるかどうかは分からないが、日本には伝統的な独特の風習がある。たとえば家を建てるとき、地元の神主さんをよんでお祓いをしてもらうことなどである。それは個人の家にかぎらず、役所や会社の建築についてもどうようなな行事をおこなっている。これは土地という自然の創成にたいする謙虚な「ご挨拶」とでもいうものであろう。それは戦後の民主主義とはなんの関係もない、昔からの風習である。それはまた、わたしが日本の伝統的な精神という漠然としたことばで表明している形而上学的な心情でもある。形而上学的という西洋語をもちいたのは、それが宗教といいうるかどうかという懸念があるからである。いちおう神学と名づけられ、神社という社《やしろ》をもっているところは宗教団体ということになるのかもしれない。だが、信者といわれるものではない。いわば広域な地域住民が地元の神をまつり、氏子とよばれている。そして年に一度「秋まつり」をおこなうところもある。

日本全国いたるところに、こうした風習がある。その淵源をたどると、「神社神道」というところからはじまっている。それは紀元前三世紀ころに胚胎した、自然の物象と人間生活との融合といわれている。しかしわたしは、そのあり方についてほとんど知らなかった。それはわたしにかぎらず、現代の人は知らないか、また関心がないといっていいのではないだろうか。それでいて、「マツリゴト」の行事には昔からの慣習として毎年したがっている。わたしはそれを、無意識のうちにうけつがれた伝統的な日本の精神ではないかと思っている。そのてん、このさい、村上重良氏の『日本宗教事典』から、わたしの関心をひく事象について、できるだけ詳しく解説してみることにする。

村上氏によると、日本の宗教はイネづくりの農耕社会の成立とともにはじまったということである。宗教というよりも、「原始神道」という呪術的な農耕儀礼が主体であった。イネのゆたかな収穫をねがい、五十戸くらいの邑里《ゆうり》（村の古語）のひとびと（血縁および地縁）によって、トシゴヒ（農作業開始の祭）とニヒナメ（収穫の祭）を毎年おこなっていた。この集団によるマツリゴトが神道といわれるものである。弥生の中期ころから、邑里の農耕集落が各地にあつまり、その中心地に「社《やしろ》」がもうけられるようになった。それが二世紀ころから、政治的にさまざまな形態として利用されるが、その社会構造は現在もかわることなく存続している。

紀元前後、邑里はしだいに統合して大規模な農耕集団となり、国家のしくみをもつようになった。九州北部では一〇〇あまりの小国家がうまれ、たがいに競うようになった。西日本では、拠点集落の施設として高床式の建物が造営されている（奈良県唐古《からこ》・鍵遺跡など）。東日本では、登呂遺跡にみられるような沖積平野を開拓した農耕集落が形成されている。

こうした集落の変遷にともなって、これまでの自然に依拠した原始神道もまた変質してきた。春のトシゴヒと秋のニヒナメを基本とするマツリの主軸はかわらなかったが、農耕儀礼は神格化されて、創造生成のはたらきの霊となる「ムスビ」の神という社会性をおびてきた。ムスビには、創造、生成から、生殖力、豊饒《ほうじょう》など、多様な意味がこめられている。たとえば、記紀神話によればアメノミナカヌシの神が原初で、ついでタカミムスビ、カミムスビの配偶神があらわれ、この三神によって天地万物が創造されたということになっている。それは多分に、朝鮮半島北部で発達した、遊牧民と農耕民族との融和によって形成された思想の影響をうけた高句麗の神話からまなんだことであろうといわれている。

ムスビにつづいで、重要なカミのはたらきとして「イハヒ」というものがあると村上氏は説明している。イハヒというのは神霊による呪力のことで、呪術的な人格神を意味する。それは人間の神格化によってつくられた神々で、たとえば呪術をよくする邪馬台国の卑弥呼《ひみこ》などのように、国の統率の中心的な役割をはたしている。記紀神話に登場する神々も人格神で、自然神ではない。それはまたヤマト政権のオオキミ（大王）にうけつがれている。したがって、オオキミは天上の神の世界である高天原《たかまがはら》の主宰アマテラスオオミカミの子孫が天下《あまくだ》った人間界の神であるといわれている。

しかし、自然神が集落の大規模化によって、しぜんに人格神になったわけではない。そこには政治的な争乱と統率によって、支配者となる権力者の神格化によってつくられた神々である。したがって人格神は人間社会では中心的な役割をはたしている。時代の進展とともに、自然神は人格神に吸収合併されたマツリゴトによって天上の神になっている。

以上は原始神道の実体である。そこで五世紀から六世紀にかけて、急速に支配地域を拡大したヤマト政権について、記紀神話から援用してみることにしよう。

記紀神話によると、アマテラスオオミカミはその子孫ニニギノミコトを高天原からナカツクニの日向の高千穂の峰に降臨させ、古代国家を統一支配させたということになっている。日向の高千穂の峰というと、北九州のどこかということになるが、『古事記』（七一二年）『日本書紀』（七二〇年）が書かれた時代は大和国平城京（奈良市）に統一国家の中心があったのだから、記紀神話の記録はとうぜん作者の創作によるものであろう。しかし、なぜこうした記録が書かれたかというと、やはり中国の『魏志倭人伝』や朝鮮・高句麗の伝承が基本となっていたからということである。こうした学術的な歴史は日本史にまかせるとして、この項では天神地祇《あまつかみくにつかみ》をまつる古代神道の展開についてみてみることにする。
天神《あまつかみ》は地祇《くにつかみ》よりも高位の神々で天皇の祖先神アマテラスオオミカミは古代国家の最高の神とされている。記紀神話によると、古代国家は大和朝廷の全国支配を宗教的にうらづけるものである。そのために五世紀ころ、大和朝廷は各地の氏族から神宝をさしださせたとつたえられている。そして、諸国の氏神をアマツカミとクニツカミとに区別して、大王《オオキミ》の最高神のもとに支配態勢をととのえたということである。

史実によると、七〇一年（文武天皇）の大宝令よって国家的な皇室の神祇《じんぎ》制度が体系化されたということである。全国土の主要な神社を官社として朝廷に直結させ、中央の官衛に神祇《しんぎ》官をもうけて地方の神社の職制を監督させた。また朝廷でおこなわれる祭典は、官衛の神祇官の職制であった。祭典は年に一九度の恒例の祭典があり、十二月の晦日《みそか》には大祓《おおはらい》がおこなわれたが、もっとも重要な祭典は十一月の大贄《おおにえ》で、秋の収穫祭である。そのほか、畿内《きない》の有力な神社の記念祭にも神祇官が奉幣《ほうへい》していた。『源氏物語』にもみられるように、皇室の行事はほとんどこうした祭典をおこなうことによって、政治的権威を反映し、諸氏族を圧伏していたようである。畿内を中心とする有力な神社は大、小の官幣社として、祈年祭には神祇官が奉幣をおこなった。また地方では大、小の國幣社がさだめられ、神祇官にかわって国司が奉幣《ほうへい》をおこなった。

時代がすすんで、朝廷も安定して組織化が確定するとともに、神祇制度も拡充され、九〇五年に、藤原時平、忠平らの選出した「延喜式」の「神祇一〇巻」が制定された。基本的には大宝令の継承だが、新たに伊勢神宮の祭祀と斎宮《いつきのみや》が規定され、また平安京の土地神である賀茂神社、松尾神社のほかに、皇室の外戚となった氏族の氏神、平野、春日、大原野の各神社が国家の祭祀にくわえられた。

延喜式の「神名帳・上下」によると、官社は合計二八六一社、祭神は三一三二座が記載されている。これらの神社は国が祈年祭に奉幣する官社で、官幣社と國幣社とに分けられている。官社は社格と神階をあたえられ、神領・神封として領地と戸数を寄進されている。もっとも広大な神領を専有している神社への寄進はかぎられていて、一般の神社はもっぱら氏子の集団による経営が基盤であった。

「延喜式」の神祇制度につづいて、朝廷では伊勢神宮と平安京の有力な神社を一六社、一九社としてえらび、臨時の奉幣と祈願をおこなった。さらに一〇八一年、白河天皇は二二社をさだめて、その地位を制度化し、二月と七月の二度、祈年の奉幣をおこなった。平安京を中心とする有力な神社は朝廷と直結して勢力を拡大して繁栄したということである。

また地方では、国府の付近にある神社が「総社《そうじや》」とよばれて、国司の庇護のもとに勢力を拡大していった。それとは別に、有力な地主や崇敬な庶民を中心として成立した神社がしだいに地歩をつよめ、各国の「一の宮」となり、地方の政治、経済と共存して、庶民の信仰の中心となっていった。それは現在でも各地に存立し、祭礼がおこなわれている。

以上は、邑戸《ゆうこ》の中心にしつらえられた「囲い地・又は神木」から出発した原始神道が、大和の地から諸国を征服した大王《オオキミ》によって古代神道へと変身し、やがて統一国家の支配者となった天皇制朝廷の祭政神祇となった経過をたどってきたわけである。しかし、実体は国家神道とはべつに、六世紀から七世紀にかけて朝廷の中心的な儀礼となった「仏教」について、まったく触れることを避けてきた。だが、むしろ天皇制の歴史を語るとすれば、奈良時代から平安時代の政治は仏教界の発展そのものといってもいいほど、各天皇と密接な関係をたもっている。

そのために、この項では故意に仏教についてはふれないことにしてきた。なぜなら、仏教にしても、儒教にしても、五世紀ころ国外から導入された外来の思想だからである。それによって日本の文化と精神が養成されたとはいえ、やはり日本人の本来の土壌ではないのではなかろうか。日本の根源的な土壌はやはり、「ミズホのくに」というふうにわたしはかんがえている。それは現在、民主主義の時代になっても日本の風土のなかに根付いているといえる。ただそれを自覚的に意識しないだけである。外国の人が日本をおとずれたとき、もっともつよく心にうったえるものは、谷間の山間部まで青々と植えつけられている稲穂ということである。それは大王《オオギミ》の時代から、天皇・武家時代をへて、今日にいたるまで、変わることのない日本の風土である。

ここでいささか視点をかえていうなら、神道は、農耕のカミである自然神（ムスビの神）に祈るマツリゴトの神事から、祆（ワザワイ）を抑制する呪力をそなえた人格神（イハヒの神）をまつるマツリゴト（政治）へと転化したということである。これが日本の国の歴史であり、人々の心をささえてきた原点ではないだろうか。現在、わたしの心にわだかまっている民主主義にたいする疑念は、この自然神を忘れつつあるということである。ヨーロッパにしろ、アメリカにしろ、民主主義の根底にはキリスト教が心のささえとなっている。それは人類の歴史のつみかさねによって受けつがれてきたものである。したがって、日本でも民主主義と同時に、長い伝統によってはぐくまれてきたマツリゴト（原始神道）を精神の根底としなければならないのではなかろうか。むろんこの考えは、現在ではタワゴトとして無視されるだろうが、わたしとしてはささやかな心の原点である。ところで、平安時代までたどってきた神道が、その後どうなったかをできるだけ簡単に紹介することにする。

仏教が百済《くだら》の王から朝廷の天皇家にもたらせられ、奈良時代になると国政の中心となって神道を圧倒した。法隆寺や東大寺の大仏造営など、国費のほとんどは寺院や経典の普及についやされた。古代仏教は中央だけでなく、宝亀年間（七七〇〜七八七年）には各国に国分寺と国分尼寺が建設された。現在でもわたしが知るかぎりでは、岡山県の備前地区に国分寺が残存しているが、当時は二町四方（二二〇㎡）の敷地に、南大門、金堂、塔や、僧の住居など、大規模な工事がおこなわれたということである。それらはすべて地区の農民に課されていた国役でまかなわれていた。こうした苛酷な状態にもかかわらず、仏教は社会の各地に定着し、一歩一歩農民の生活に浸透していった。

問題はむしろ、これまで邑里にうけつがれてきたマツリゴトと外来の仏教との一体化はどうなったかということである。国分寺は寺領として田畑を支給され、雑事を負担する戸数をわりあてられ、徴税も免除されていた。周辺のまずしい農民にとって、こうした状況は怨嗟《えんさ》の的であったのではなかろうか。だが奇妙なことに、神が仏によって救われるという逆転の思想がうまれるのである。これはむろん中央の国家仏教の影響によるものだが、やはり僧侶の読む経典と呪術に接して、わけはわからないが神道にはない高度のつよい力を感じさせるものがあったのではなかろうか。

神道には、仏教の「仏」のような統一した理念がない。キリスト教にしてもイスラム教にしても、それぞれ「神」という唯一絶対の存在者が信仰をささえている。その点、統一理念のない神道を宗教といえるかどうかというためらいがある。そのために、仏教と習合することによって、仏教の高度の教義体系と結合して神格化をはたしたのではないかといわれている。奈良時代に、九州の八幡神がもっともはやく「神仏習合」の神としてあらわれている（『日本宗教事典』村上重良著）。

平安時代初期、仏教界の二大潮流となった天台宗の最澄は比叡山に延暦寺を創設するさい、土地の神として「日吉山王社《ひえさんのう》」をまつって仏の守護をねがっている。また真言宗の空海は高野山の土地神、丹生《にゆう》明神の宣命によって、鎮守の神として「丹生都比売社《にゆうつひめ》」をまつっている。この様式はその ご全国におよび、明治維新までつづいた。この神仏調和の習合思想は、神々はたんに仏の衆生（本願）ではなく、インドの仏（本地仏）が日本に迹《あと》をたどって仮にあらわれた権現《ごんげん》であるという「本地《ほんじ》垂迹《すいじやく》説」が、日本の神祇の主流となった。

これにたいしてもっともつよく反撥したのは、十四世紀に大成した「伊勢神道」ということである。それを主張したのは伊勢神宮外宮の祭主度会《わたらい》氏である。その説をかんたんにいえば、天皇家の祖先神をまつる伊勢神宮の神は外来の仏の権現《ごんげん》ではないということである。それはとうぜん、仏教にたいする反撥でもあるわけだが、それは思想的というよりも当時の政治的状況によるところから主張されたといわれている。伊勢神宮は北条政権の打倒、建武新政から南北朝の動乱にさいして、南朝方の後醍醐天皇を支援し、北畠親房と同盟をむすんで南伊勢地方に城郭をきづいたということである。北畠親房の『神皇正統記』の「大日本《おおやまと》は神国也《かみのくに》」という神国思想は古代王朝の復興を支持し、封建制度（鎌倉幕府）の成長を阻害した。南朝は亡びたが、伊勢神道は全国的に普及し、トヨウケノオオカミの信仰は稲作を主体とする農村のマツリゴトを復活したといわれている。

時代はくだるが江戸幕府後期、平田篤胤《あつたね》（一七七六〜一八四三年）は、本居宣長《もとおりのりなが》の『直毘霊《なおびのみたま》』の「儒教や仏教の思想をまじえては、神道がわからなくなる。それゆえまず、儒教の思想を排除しなければならない。先入観を捨てて、わが国の古典そのものをよく見ることだ。そうすれば純粋な思想に達する。それが神道である」という国学に心酔し、古典にみられる日本の古道の精神をもとめ、復古主義の神道を大成した。

篤胤《あつたね》は秋田藩の下級藩士の子で、二十歳のとき脱藩（一七九五年）して江戸にでて勉学した。それから三十数年にわたって、多数の著作をあらわし、独自の神道説をとなえて、世にうったえた。生前の門人は五五三人にのぼったとつたえられている。ところが、一八四一年の著書『天朝無窮歴』が幕府によってさしとめられ、秋田藩への帰国を命じられた。そして帰国後二年後に失意のうちに病没している。

いまなぜ平田篤胤をとりあげたかというと、篤胤の若輩にもかかわらず、復古神道は日本の伝統的な精神にふかく根ざしていて、その流れは幕末維新の政争の時期に迎合し、倒幕王政復古の指導原理となったからである。かれの神道説は特異な学派で、これまでたどってきた伝統的な神道とは異端的な思想であるが、その復古主義と尊皇攘夷が、天皇の復活による中央集権の統一という政治目的に有効であったということである。つぎに、明治維新以後、神道がどう変化し、現代にいたったかをみてみることにする。

四　明治維新から

近代天皇制は祭政一致の政治理念を根底として、神祇官の再興と神仏を分離して、すべての神社を神祇官に帰属させた。一八七一年（明治四年）、政府は版籍奉還にともなって、社寺領の収納もきめ、境内以外の社寺領の上知をとりあげた。そのために大多数の寺院は経済的にいきづまり、廃寺もしくは合寺となって一宗一寺に統合された。そして僧侶には還俗帰農がすすめられた。なかでも、もっとも過激な薩摩藩では寺院を全廃し神道化を実行している。こうした方式が全国各地におこれば収拾のつかない混乱がおこることになるが、政府は各地の排仏毀釈運動をあえて抑制せず、各地の行政のなりゆきにまかせた。基本的には、天皇を中心とする新しい神道の教義を普及させるために、最大の宗教的勢力であった仏教を改変することであった。

神社は本来、地域の住民の心のよりどころとしてつくられたものだが、明治政府は全国の神社を一方的に国家が管理するという中央集権的な編成へとすすめていった。神社は「国家の祭祀」として特権的な地位を確保した。そして全国一七万あまりの大小の神社を、官幣社、國幣社、県社、郷社、村社というふうに格づけして国家神道とした。また、国民は神社の氏子として、天皇制国民教化に奉仕する道具として活用されたのである。

一八八九年の大日本帝国憲法の発布によって、天皇を祭祀大権の主催者として、宗教的権威を保有するための法律上の規定を条文化した。つづいて翌年、「教育勅語」によって学校教育の基本をしめすとともに、市民が国家神道の教典とするための精神的拠点となる文章を作成した。教育勅語の究極の目的は、

「一旦緩急アレハ義勇公ニ奉シ以テ天壌無窮ノ皇運ヲ扶翼スヘシ」

ということで、たとえば戦争中の非常のさい、国民は天皇にすべてを捧げて死ぬようにという忠誠心の原典であった。これは世界でも例のない国民への思想的統制である。そのために、日露・日中戦争から太平洋戦争へかけて、数百万人の戦争犠牲者がでたことは記憶に新しいことである。

日露戦争後の一九〇八年（明治四十一年）、皇祖皇宗の権威をたかめるために「戊申《ぼしん》詔書」という教典を発布して、神社の祭典で町村長らにこの詔書を奉読させて、氏子に天皇崇拝と軍国主義の発揚をはかった。こうした思想的な普及は軍部の整備とともに国威の強化をすすめることになった。

最後に、日中戦争下の一九四〇年（昭和十五年）、記紀神話による神武天皇の即位から二六〇〇年にあたる年として全国的な祭典がおこなわれた。内務省神社局は神祇院に改組され、国家神道はファシズムの絶頂期をむかえた。それはとうぜん、アジア大陸への侵略征服への正当性に進展し、やがて米英諸国との開戦となり、一九四五年（昭和二十年）の敗戦となったわけである。

ふりかえってみると、明治維新以来七〇余年にわたって国民を支配してきた国家神道の瓦解であ

り、それはまた庶民にとっては、紀元前後からはじまった自然信仰の神道によって成育してきた地域の山神の精神的喪失でもあった。

太平洋戦争の敗戦によって、日本は連合軍の占領下におかれた。大日本帝国は崩壊して、国家神道も明治維新以来の歴史をとじた。一九四五年（昭和二十年）十二月十五日、連合国軍最高司令部は、

「国家神道、神社神道にたいする政府の保証、支援、保全、監督ならびに弘布の開始にかんする件」

によって、地域の神社への参拝は禁止された。もっとも、わたしたち小中学生への直接的な影響としては、教科書から記紀神話の神および天皇の歴史を削除することであり、また校門に連接されていた奉安殿（天皇のご真影）や、公共のたてものから神棚など祭礼の施設を除去することであった。つづいて翌年二月、神祇官をはじめすべての神社関係の法令が廃止され、神社は文部省にうつされた。そして文部大臣にとどけでた宗教法人の神社は全国でほぼ七万八〇〇〇余となった。もっともとどけでない自立の神社も一〇〇〇社あったということである。

一九四七年五月三日、国民主権、民主主義、戦争放棄を基本とする日本国憲法が制定された。その第二〇条に、

「信教の自由は、何人に対してもこれを保障するいかなる宗教団体も、国から特権を受け、又は政

治上の権力を行使してはならない。何人も、宗教上の行為、祝典、儀式又は行事に参加することを強制されない。国及びその機関は、宗教教育その他いかなる宗教的活動もしてはならない」

と規定された。また第八九条では、

「公金その他の公《おおやけ》の財産は、宗教上の組織若《も》しくは団体の使用、便益若しくは維持のため、又は公《おおやけ》の支配に属しない慈善、教育若しくは博愛の事業に対し、これを支出し、又はその利用に供してはならない」

と規定された。以上は、戦後五〇年もたって、わたしが知りえたことである。とにかく、敗戦と外国人に占領されているということは、いっさいの伝統的な考え方を無力とするものであった。して民主主義という外国の新しい思想と制度が日本の政治と国民をおおいつくした。わたし自身、それらにたいしてなんの抵抗も感じなかった。じっさいのところ、民主主義というものがどういうものかということもわからなかった。最初にも述べたように、社会主義なのだろうとばくぜんと感じていたくらいのことである。

二回目にわたしが民主主義と出あったのは、岸信介内閣総理大臣のとき、一九六〇年（昭和三十五年）五月二十日、「新安保条約」が単独強行採決されたときである。その後、六月四日安保改訂阻止の国民会議がもたれ、全国で五六〇万人（総評の発表）の主婦および市民による「声なき声の会」の国会デモが実行された。さらに十五日には、第二次実力行使で全国五八〇万人の国民が参加し、全学連主流派は国会に突入して警官隊と衝突し、東大生樺《かんば》美智子さんが死亡するというような事故がおこった。

しかしわたしは、当時なんらの行動もしなかったように思う。『安藝文学』という同人雑誌に所属して、文学に専念していて、政治的なことはほとんど関心がなかった。「日米安全保障条約」の改訂というものがどういうものかということもわからなかった。ただ日本が、アメリカの防衛の拠点のひとつになる条約であるということぐらいはわかった。だが敗戦後、日本は軍事力を持たないというふうに教えられていたので、アメリカ防衛の役にたつのだろうかというふうに思った。いまから考えると、まったく無知であったといえるだろう。たとえば一九五七年(昭和三十二年)の国防会議で、(陸上自衛隊一八万人、艦船一二万四〇〇〇トン、航空機一三〇〇機)という計画がたてられている。むろん当時、わたしの知るところではなかったが、大多数の日本人が知らなかったことではないだろうか。

こうした軍事化のもとに、新安保条約の改定ということであったから、デモに参加した人たちは、かつての軍国主義日本の方向に逆転するのではないかという懸念があったのであろう。だが、あれだけ全国民の反対運動があったにもかかわらず、一九六〇年六月十九日自然承認のうちに成立したのである。なにをか言わんやである。二十三日、岸首相は即日辞意を表明し、七月十五日岸内閣は総辞職し、ついで池田勇人内閣が成立する。池田氏は国民の要望にこたえて、安保の対米対策から一歩後退して、国民経済の増進をすすめるという声明を発表した。そして翌年の積極予算では国民所得倍増計画をたてている。

わたしとしては、あれだけ大規模な全国民の反政府デモがあったのだから、日本の政治は社会主義的になるのではないかと思っていた。だが同年十一月二十日の衆議院総選挙で、（自民二九六人、社会一四五人、民社一七人、共産三人）と前回とほとんどかわらず、自由民主党の政治が継続した。この体制が今日まで日本の政治体制であることからすると、敗戦後導入された「民主主義」は、けっきょく国民から支持された主権在民の議員内閣制の思想的根拠であったといえるのかも知れない。もっとも、明治維新から敗戦まで、形式的には政府は議員内閣制であった。ただ、「天皇専政」であり、思想的には天皇崇拝の「国家神道」であった。

敗戦後、連合軍によって「象徴天皇制」となり「国家神道、神社神道」は廃止され、「民主主義国家」となったことは、これまでに省察してきたとおりである。一九六〇年、新安全保障条約が締結されて五〇年余となる今日、私としてもとくに不満とおもうことはない。その間、安保条約は二度にわたって改定されたが、まったくなんの抵抗もなく締結されている。そして今や、世界有数の軍事大国となっている。かつての、戦時中の苦難を経験しているわたしとしては、心の底でひそかに不安をおぼえている。それがこのエッセイを書く伝導力となったものとおもえる。ただ、わずかに望みのめばえるのは、祭礼や神楽の賑わいや、各行事に神事のお祓いが今日でもおこなわれていることである。いつしか自然神がよみがえることをひそかに願って、この項を終わることにする。

（〝その二〟は81号（'13年7月刊）収録）

その六　『日本語の空間』おぼえ書き　4

一　「ヒロシマ」思い出の記

一九四五年（昭和二十年）八月六日午前八時十五分、わたしは中国山地の小村（生家）の裏庭で草取りをしていた。

そのとき、とつぜん稲びかりがした。「おゃ」と思って顔をあげて空を見あげたが、いつもと変わらず、まわりの山にたしょう雲がかかっているだけで、空は青くすみきっていた。

変だなぁ、とは思ったが、そのまま立ち上がって、表の庭へ行こうとして十歩ばかりあるいたとき、ドーンというひびきが向かいの山からおこって胸をうった。さきほどの稲びかりのせいで、いつもの雷鳴かなとおもったが、それにしては単調で一回きりであった。だから、たぶんこの地方に一軒だけあるガソリンスタンドが爆発でもしたのではなかという気がした。そのスタンドは向かいの山のむこうにあるので、わたしの村とはかなりはなれていた。そのせいか、ガソリンスタンドの爆発だとしても、部落の周辺はシーンとしてなんの変動もなかった。近くの小学校にそなえてあるサイレンも鳴らなかった。

　わたしはそのまま、庭の縁側にすわって、配られている新聞に目をとおしていた。ふと、向かいの山をみるとムクムクと入道雲が上がっている。やはりさきほどの稲びかりは、この入道雲のせいだったのかと思った。それにしても、空はあいかわらず清《す》みきっていて、やはり部落にはまったく人影がみあたらず、いつもの平安な風景だった。

　もっともその当時は、戦争末期の国民総動員令ということで、農民たちは軍の命令で、高田郡の上根に飛行場をつくるということで、夜明けまえからトラックの荷台にのって上根にむかっていた。また、母をはじめ農婦たちは、〈松根油〉から油を取るという軍の目的で、松の古株を掘るために向かいの山に動員されていた。わたしは学徒動員で呉の海軍工廠で働いていたが、結核という診断で動員解除となり、生家にかえって療養するという気楽な身分であった。したがって、そのとき部落にいるものといえば、わたしだけだったのではなかろうか。

　ドーンという爆発音にもかかわらず、部落は静かで、なんの騒ぎもおこらず、いつものとおりだった。わたしはそのまま新聞をよみつづけていた。九時ころだったと思うが、ふと顔をあげて向かいの山をみると、入道雲がほんのりと赤く染まって夕焼け雲のようになっていた。夕方でもないのに変なこともあるものだなぁと思ったが、それが自然現象であるということ以外には思いつくこともなかった。

それからまもなく、わたしはいつもの役割として軍馬用の干し草を道路の両側にならべていた。気がつくと、赤い雲はいつのまにか白い雲になって空ぜんたいにひろがっていた。そしてなま暖かい空気が部落にひろがっている。おや、雨でもふるのかなと思いながら、それでも干し草をひろげていると、頭にほうたいをまいた男が自転車をおしながら通りかかった。そして、

「新庄へ行くのはどの道をとおればよいですか」とたずねた。ちょうど二また道になっていたところで、ひとつは部落への道だった。

「すこし遠いが、このさきの川ぞいの道を行かれたほうがいいでしょうよ」といつて、「頭はどうされたんですか?」ときいてみた。

「瓦が飛んできて、やられたんですよ。横川はまぁ大火事ですがなぁ」ということだった。

「じゃあ、広島市から来られたんですか?」

「そうです」といつて、その人はよたよたと歩きはじめた。

昼めしまえだつたので、広島市から三時間あまりかけてこの部落まで来られたわけだが、新庄まではまだ三キロもあるのに大丈夫かなという気がした。だが、広島からバスでなく、なんで歩いてきたのかなぁという疑念はおこらなかった。わたしはそのまま道ばたに干し草をひろげていた。

広島市からわたしの村まで、自動車道にすればおよそ六〇キロあまりだが、直線距離にすると四〇キロたらずだろう。中国山地の高原で、市との交通は日に四回の乗合バスがあった。だがその日はバスも通らなかった。そのころはガソリン不足で、木炭車だったので、不定期はいつものことだった。それにしても、自転車で広島市から歩いてくる人など、これまでいなかった。よほどの事情があったのだろうとはおもったが、戦争末期のきびしい世情では、それもとくに異常とはいえなかった。

むろんそのころ、広島市が壊滅していることなど知るよしもなかった。市内の西にある横川町からきた人も、市中の繁華街や中心部が壊滅していることは知らなかったようである。ただ、横川の街が大火になっただけだとおもったのではないだろうか。

当時、広島市民が原爆被災の状況を推察できなかったことは、これから紹介する『原爆広島消防史』(一九七五年刊)の手記を読むことによって、わたしもなんとか理解することができるようになった。なにしろ原子爆弾の爆発という、人類史上はじめての実績は、人智の限界をこえていたというのが実情であろう。今日まで、原爆被災の記録はいろいろ書かれているが、その後の科学的な解説を知ってみると、それらの体験記はのちの記憶によって修復された疑似体験であって、実情とはいいがたい。それらの記憶はわたしがその日に体験した率直な感覚と同種のものではないだろうか。その反省から、八月六日のわたしの経験を書いたわけだが、むろんそれは、原爆災害が中国山地のわたしの村におよぼした、ささやかな現象であって、それはいつもの自然現象とほとんどかわらないできごとであった。この未曾有の「原子爆弾壊滅」は、今日でも、コトバにできない災害であって、原体験のこえがたい障壁ではないかとわたしはおもっている。それはともかく、原爆投下にいたった当時の広島市の現状をできるだけ紹介してみることにしよう。

広島市に消防署が設置されたのは一九四三年（昭和十八年）一月で、東消防署と西消防署がもうけられた。それまで消防団は民間による自主的な組織であって、官公庁によって設立されるものではなかった。しかし徴兵制が進展するにしかがって、民間による消防団はなりたたなくなり、公的な市町村で組織されることになったのであろう。

広島市の東消防署の定員は一〇二名で、下流川町、段原日の出町、東白島町、二保町に各出張所がおかれた。西消防署は定員一七二名で、三篠町、宇品町、十日市町、舟入町、己斐町、草津町に出張所がおかれた。なお翌年七月に吉島町、観音町、江波町、皆実町にも増設されている。

だが戦局の窮迫とともに、国土防衛は緊急をようするようになったが、アメリカ軍の侵攻は急速で、国内よりも海外防衛軍を増強する必要に迫まられた。そのために、会社員・一般労働者および学徒などをきゅうきょ召集して、兵役に従事させるようになった。広島消防署でも一一二名が召集され、実情定員は欠乏して、臨時をふくめて消防士は二三九名に減少していた。

ところが、昭和二十年七月一日の夜半から二日にかけて、呉市がB29八〇機の空襲によって、死傷者二、二七〇名、行方不明者五二名、町家の全半焼二万二、一六八戸という災害をうけることになった。隣接の呉市の襲撃によって、広島市の空襲も直前にせまっているものとなった。やや遅れぎみだが、二十年六月、地方から消防官吏士二三名、七月にはさらに消防士七八名を採用して防禦《ぼうぎょ》態勢の強化をはかっている。

原爆投下直前には、東・西両消防署の実員は四一三名となり、消防自動車は各地から徴収して四五台を配置している。さらに県警防課の厳命で、呉市の消防派遣隊四八名（実数は二三名）と消防自動車八台が広島市の重要官公庁に派遣された。

なお、臨時に採用された消防士は工業学校卒業の十七歳から十九歳の青年で、一ヶ月の訓練をほどこして勤務につけるという粗雑な消防体制であった。もっとも、従来の消防体制であっても、原爆の一瞬の爆発にたいしては、まったく役にたたなかっただろう。それはこれから紹介する「原爆消防史」の吏員の証言によっても推察される。

一九四四年（昭和十九年）七月七日、マリアナ諸島のサイパンを米軍が占領し、ついで、テニアン、グアムに飛行場を建設して、日本本土を爆撃する態勢をととのえた。とくにグアム島は原子爆弾の基地として、各地から特別な隊員を召集して、原爆投下のための整備にそなえている。また四トンあまりの重量爆弾を搭載して離陸する航空機ために、長大な滑走路を建設している。そして空の要塞といわれているB29爆撃機の、いっさいの戦闘器具をとりはずして、広島型原爆四トン・長崎型四・五トンの原子爆弾を搭載したのである。投下までの訓練にほぼ十ヶ月をようしたといわれている。

二　日本本土爆撃の概要と敗戦へのあゆみ

一九四四年十一月二十四日、はじめてB29爆撃機一一〇機がマリアナ基地を離陸した。その第一目標は、東京の中島飛行機工場であった。マリアナから東京までは二、五五〇キロで、ほぼ七時間を要した。マリアナから飛びたった一一〇機のうち、一七機は故障のため、途中からひっかえした。そして一時三〇分ころ、三鷹上空にたっしたが、低空の雲海にさえぎられ、目的の中島飛行機工場はほとんど見えなかった。わずかに二四機だけが五〇発の爆弾と焼夷弾を投下しただけで、他の六四機は東京の市街地と港湾地区にむかって転進し、二、七〇〇キロの爆弾を投下した。

その結果、中島飛行機工場で死者五七名、負傷者七五名で、工場の建物一七棟が倒壊した。また東京の市街地では家屋三三二戸、死者五〇五名ということである（『日本大空襲』原田良次著による）。

ついで二十七日、B29七四機が来襲し、そのうち五六機がレーダーによって、雲上から東京の中央部および上野、千住、浅草など二二区六六町を爆撃した。その結果、死傷者二二〇人、家屋一、四一四戸を焼失して、省線電車は不通となっている。これが日本の市街地爆撃のはじまりであった。ついで、翌年一月の空襲は、これまでの軍事施設の爆撃とはことなって、無差別爆撃となり、B29約四三〇機が来襲し、全市街地が襲撃されることになったということである。

この攻撃方法の変更は、ハンセル爆撃司令官にかわって、ヨーロッパ爆撃の戦果に成功したルメー司令官の戦術方針によるものだといわれている。つまり、日本の家屋の脆弱は油脂焼夷弾（M69爆弾）による「火攻め」がもっとも効果的ということから、各都市の焼却がはじまったわけである。

その都市襲撃の計画的なこころみが、二月四日の神戸市の爆撃であった。B29一二九機がすべて油脂焼夷弾を満載してマリアナ基地を発進している。

一四時三十分、第一悌団六九機が焼夷弾一三〇トン、破裂爆弾一三・六トンを投下して、市街地は火の海となった。つづいて第二悌団二六機は松坂、大垣を攻撃した。さらに一六時〇〇分、第三悌団二〇機が神戸上空に来襲し、焼夷弾を投下して、街の火勢は凄惨をきわめたということである。

米軍の発表によると、市街地の破壊は二三万平方メートルにおよび、南西部の工業地帯では一、〇〇〇戸の建物が焼失し、二つの造船所も半壊するほどの打撃をあたえたということである。

一方、日本軍の発表によると、第十一飛行師団は敵機の撃墜六機、撃破三〇機の戦果をあげ、我がほうの損害は自爆機三機を確認したのみであった。その他神戸市内は相当の被害があったと発表している。

どちらが正しいかは言うまでもない。こうして、日本国民はだまされつづけてきたのである。市街地の焼失は敗戦の日まで二〇〇日あまり、西日本の都市三〇数箇所を焼きつくしていた。それでも軍司令部は本土決戦を企画しつづけていたという。

一九四五年（昭和二十年）になると、戦局はますます苛烈となり、三月十七日小笠原諸島の硫黄島《いおう》が玉砕《ぎょくさい》し、六月半ばには沖縄本島もほぼ占領されている。いよいよ日本本土の決戦が現実的となってきた。それにたいして大本営は、東京に第一総軍司令部をおき、広島に第二総軍司令部を設置した。つまり、占領軍によって日本が分断されたときの対策である。また軍事力だけでなく、地方独自の活動ができるように「中国地方総監部」を広島市千田町の文理科大学にもうけている。当時、こうしたことはまったく市民には知らされていなかった。

さらに恐ろしいことは、「国民義勇兵役法」によって、一五歳から六〇歳までの男子と、一七歳から四〇歳までの女子は義勇兵として戦闘に参加すること、という法律が制定された。当時、その法令の具体的な詳細は知らなかったが、ただわたしは、胸に氏名、住所、そして血液型を明記した布切れを縫いつけるようにという布告によって、わたしも布切れをぬいつけたことだけは鮮明に記憶している。それがなんのためかは、今になってわかったが、つまり内戦で死傷したときの措置であったことを考えると、日本はなんと無惨な状況にあったのであろう。

さすがに天皇は日本民族の滅亡を心慮して、自身の断罪を覚悟のうえ、降伏のみことのりを下された。遅きに失したということはあるが、それでもドイツの敗戦の状況よりか、はるかに有効な判断であった。軍部の一部の青年将校による反乱が心配されたが、あれだけ強攻な姿勢をとっていた軍首脳部も、天皇の裁断には率直にしたがった。むろん一般国民も驚いたが、反乱をくわだてるものはいなかった。これは今日でも世界の人々を驚嘆させている。おそらく、古来からの天皇制と日本の国民性との一体化による、伝統的な精神の現象によるものではなかっただろうか。もっとも直接、その威信に感服したのは、日本占領の総司令官であったマッカーサーであった。アメリカ兵を一兵も失うことなく、日本本土を完全に制圧し、統制することができたからである。

ともあれ、広島市は敗戦の九日まえに、原子爆弾によって壊滅的な打撃をうけたのであった。そこにいたるまでの、広島市の防災にたいする取り組みを『原爆広島消防史』から見てみることにしよう。

一九四五年七月七日〜八月二日まで、ドイツのポツダムで連合国首脳部の世界大戦終結の会談がひらかれていた。そして日本にたいする降伏条件も決定されている。しかし、それが発表される数日まえ、アメリカのトルーマン大統領はポツダムにおいて、七月十六日原子爆弾の爆発実験が成功したことを知らされた。それにしたがって、トルーマン大統領は七月二十五日、アーノルド陸軍航空部総指令官に、八月三日ころに投下目標を準備するように指示している。日本が降伏宣言する十二日前のことである。

広島市への原爆投下はちゃくちゃくとすすんでいたが、むろんわたしたちの知ることではなかった。ただ七月二日の呉市の爆撃による壊滅や各都市の空襲によって、広島市の空襲が間近にせまっていることは、紛れもない現実として予想されていた。やがて八月四、五日になって、警戒警報の発令があいついだ。もはや広島市の空襲は時間のもんだいであった。たとえば、

八月二日　午前〇時十二分　空襲警報解除
　　　　　午前〇時十七分　警戒警報解除
八月三日　来襲ナシ
八月四日　午後十一時五十分　警戒警報発令
八月五日　午前〇時三十五分　警戒警報解除
　　　　　午後九時二十分　警戒警報発令
　　　　　午後九時二十七分　空襲警報発令
　　　　　午後十一時五十五分　空襲警報解除
八月六日　午前〇時二十五分　空襲警報発令
　　　　　午前二時十分　空襲警報解除
　　　　　午前二時十五分　警戒警報解除

午前七時〇九分　　　　　　警戒警報発令
午前七時三十一分　　　　　警戒警報解除
（以上、これは矢賀警防分団の警防日誌による）

この警報にしたがって、町内会の役員や警防団員は、ずっと詰所に出動して、退避の連絡や誘導にあたり、くたくたに疲れきっていた。市民もまた、老人や婦女子はそのたびに防空壕に出入りして眠るまもなく、八月六日の朝をむかえることになったのである。なんとも、むなしく無惨なことであったが、午前七時三十一分の警戒警報解除によって、市民は今日も空襲をまぬがれたというあんどの気持ちで、朝の活動をはじめたのであった。こうした緊張から解放それて、朝食をとるもの、役所への出勤を急ぐもの、八時の勤務交代によって退庁するものなど、通常の時間がはじまったばかりだった。そしてまもなく、原爆の悲惨な事態にそうぐうしたわけである。

その被爆状況については、すでにさまざまな記録によって報知されているので、それを再記行するつもりはない。ただ被爆後三十年後に書かれた『原爆消防史』の被災者の証言には、これまでの記録とはちがって、わたしにとってはむしろ、これが実際の現実ではなかったかという気がするので、あえてそれを記録してみることにした。ただし要点を記録するために、手記そのものを再現することは避けることにした。

三　被爆前の消防署態勢について

一九四四年（昭和十九年）六月十五日、南太平洋のサイパン・テニアン島が占領され、ここに建設された飛行場からＢ29爆撃機が飛びたち、昭和二十年の敗戦までに、日本の主要都市のほとんどが焼きつくされた。

アメリカの原爆投下作戦の最高指揮官はレスリー、メリチャード・メグローブス陸軍少将である。その著書に、

「原子爆弾の投下は、目視できる好天気の時期として、八月一日から上旬までに実施すること。当初の目標は小倉・広島・新潟・京都であったが、最終的には第一目標広島、第二目標小倉、第三目標長崎と決定した。そして広島市爆撃の照準点は基町の陸軍司令部に接近した地点とする」

と記述している。そして七月二十五日、ドイツのポツダムでおこなわれていた連合軍会議に出席していたトルーマン大統領は、日本にたいする原爆投下の命令をくだした。それは日本にたいするポツダムの降伏勧告を宣言する一日まえのことであった。

一九四五年八月六日の午前二時四十五分、Ｂ29エノラ・ゲイ号はテニアン空軍基地をとびたった。投下作戦は七機で編成され、三機は事前の気象観測をおこない、一機は予備機で、エノラ・ゲイ号

に二機が随行していた。原爆はテニアン時間午前九時十五分十七秒（日本時間午前八時十五分十七秒）に、高度九、六〇〇メートルで投下され、四三秒後に五八〇メートルの高度で爆発した。投下地点は細工町一九番地（現在、大手町一丁目五―二四）の島病院敷地内といわれている。原爆ドームから南東一六〇メートルの地点である。（『広島・長崎の原爆災害』岩波書店による）

わたしはながいあいだ、原子爆弾は原子の壊滅による爆発力によるものだとおもっていた。しかし原子の壊滅ということは物理的に困難だということである。原子の壊滅ということは、宇宙はじまって以来、宇宙存立の基本的な原理に反するものということである。では、いったい広島の原爆はどういう現象だったのだろうか。それは今になって知ったことだが、原子核の熔融《ようゆう》（もしくは融解）によって、ウラン（原子番号92）より軽量の原子核に変容するということである。その過程において、変容した原子の余剰エネルギーが爆発力（$E=mc^2$）になるという現象である。この科学的な仕組み（エネルギーは質量と速度の二乗を掛け合わせたものと等しい）をわたしの知識では説明できないが、その原理を知ったのは、二〇一一年三月の福島原子力発電所の事故の解明によってである。したがって、たぶんに一般的な常識的判断だが、広島の原子爆弾への理解の一助とはなったようにおもう。そこで、それを簡潔に説明することにする。

原子力発電の燃料はウラン二三八・二三五の原子である。その中心の原子核が中性子を収集することによって核分裂がおこり、ウランとはまった別の物質（ヨウ素やセシウムなど）にかわる。この変容によって、溶融した原子核の熱が発生し、この熱で水を沸騰させて水蒸気をつくり、発電機のタービンを回転させて発電するということである。広島に投下された原爆もまた、ウラン二三五その他の原子が、原爆前部に設定された中性子物質の爆発によって、一瞬のうちに核分裂をおこして融壊《ゆうかい》し、厖大なエネルギーとなって爆発したわけである。その原理は原子力発電と同様である。したがって、その核分裂によって発生するエネルギーと同時に、崩壊した原子によってさまざまな放射性物質が発生したこともまた当然である。その放射性物質（ヨウ素一三一・セシウム一三七・プルトニウム二三九・ストロンチウム九〇など）が、福島第一原発事故の場合、格納容器からもれ、それを排気塔から放出することによって、周辺地区に放射能が散逸したという現象であった。その放射能が生体の機能を損傷するために、その地区には現在もなお住むことができない状況にある。

　では原爆を投下された広島市の放射能災害はどうであったのだろうか。原子力発電にくらべて原子爆弾の中性子爆発は格段の大差がある。したがって、ウラン原料をはじめ四トンの原爆の包装材料は、すべて放射性物質に転化したことになったはずである。福島第一原発の核分裂物質が容器にとじこめられていたのとはちがって、広島市の原子爆弾の放射性物質はすべて蒸発気体となって、空中に四散したであろうということである。そのために、原爆の破片も弾痕も地上にはどこにもみられない。四トンの原子爆弾はすべて、爆発力（三五％）と放射能（一七％）と熱線四八％（核分裂波長の強力な電磁波）となって、広島市を壊滅させたのである。むろん物理的には、残留放射能が広島市とその周辺部に強力に残留していたはずである。アメリカ陸軍報道班の指示によると、七五年間は広島市内に住めないということであった。当時、まったく原子爆弾についての知識のなかった広島市では、その日の午後には近郊から身内の救出に捜索者が市中にはいり、翌日には宇品の陸軍船舶部隊が電線と瓦礫と死体の散乱した市街の整備にあたっている。また県市の官公庁や会社の従業員も、即日、救済と崩壊した建物の後始末にしたがっている。だが、そのために、残留放射能の傷害で直接支障をきたしたという記録はみられない。

では、原爆による原子核分裂によって生じた放射性物質はいったいどうなったのだろうか。「きのこ雲」とともに空中に四散した放射性粒子は数時間のうちに気流または黒雨となって降下している。その放射性物質の各種の元素がなにかということは、いまだに発表されていない。むしろ原子核はすべてエネルギーとなって消滅したというふうに解釈されていたのではなかろうか。当時の科学的な知識からすれば、やむおえないことであった。しかし、原子の消滅ということは物理学的にありえないというのが、現在の科学的な見解である。したがって、放射性物質が残存しなかったということもありえないことである。しかし、こうした学問的なことはわたしの理解をこえていることなので、原子爆弾の被害については被爆者および関係者の証言から推測することにしよう。

四　「原爆広島消防史」の体験記

東消防署消防機関士補・合谷一男（四十九歳）の「死の町からの脱出」から要約することにする。

合谷氏は八丁堀の旧福屋一階（爆心地から七〇〇m）東消防署本署に勤務していた。東本署は本通りの各銀行をはじめ、市の中心街を防衛する九箇所の消防所を管轄する重要な拠点であった。消防ポンプ車四台、火災出動員は昼夜合計四〇数名という市内有力な消防署である。

合谷氏は八月六日の午前八時十五分ころには、署内に十二、三人出勤していたのではないかといっている。そのころ、東本署の矢吹静雄署長は荒神町の自宅をでて、的場の電車停留所で電車を待っていたが、満員で乗車できないので三、四台見送っているうち、原爆の閃光をうけ、満潮の猿猴《えんこう》川に飛びこんだということである。飛びこんだのか、爆風に吹き飛ばされたのかは書かれていないが、とにかくかろうじて護岸に泳ぎつき、どうにか土手にはい上った。本署が気になるので、二〇〇mばかり稲荷町の鉄橋まで走っていって、東本署のほうを見たが、本署在住の福屋旧館や中国新聞社の屋上からは黒煙があがっていた。また稲荷橋のさきの街路は電線と崩れた家屋にふさがれ、とても本署に行くことはできそうになかった。いったん様子を見ようと、ふたたび荒神橋東のたもとにひきかえした。そこはかねてから、緊急のばあいに集合することになっていたので、そこで待機していることにした。

一方、そのころ合谷氏は机にむかって担当事務の処理にあたっていた。すると突然、庁舎の西方で橙色の光りがした。その瞬間、普通の爆弾が投下されたとおもったが、とつぜん大きな爆発音とともに爆風がおそってきた。この爆風で事務所と車庫の仕切り板壁が破壊され、合谷氏はポンプ車の下までふきとばされ、負傷のために失神していた。やがて裏の車庫のほうから「合谷主任を助けよ！」という声によって気付き、署員によって助けだされ、電車道までつれだしてもらった。それから黒い雨のふるなかを、白島電車の終点にむかって歩きはじめた。途中、ボロ布をひろって顔と首にまいた。

そのころすでに白島方面には火の手があがっていた。白島の鉄道線路を渡るために、土手に上がろうとしても登れないので、おかしいとおもって足もとをみると、履いていた短靴のなかに血がいっぱいであった。とにかく戸坂村のわが家にかえろうとおもって、工兵橋にむかったが、入口に着剣した歩哨がたっていて、いくら頼んでも通してくれない。ところが、たまたま戸坂方面から自転車にのってきた通りすがりの人にあい、その自転車に乗せてもらって戸坂村の自宅に帰ることができた。さっそく、子供に大八車で戸坂国民学校の陸軍病院の仮救護所へつれて行ってもらった。ようやく二時間ちかく待たされたのち、軍医の診断の結果、後頭部からガラスの破片一三個、右肘から二センチメートルくらいの木片がでた。そのほか背中の右がわに裂傷をうけていた。

被爆後、十月から健康を回復し、東本署が移転していた東洋紡績跡の仮庁舎に出勤することができた。原爆ですべてを失っていた東消防本署では、戦後、かつての陸軍兵器廠から自動車修理用具や部品を収集することができた。わたしは機関士の修理能力にしたがって、トラックを消防用のポンプ車に改造整備する作業にあたった。十一月には、署長ほか数人と呉市にむかい、元海軍工廠跡からはしご車一台、ポンプ車一台、そのほか雑器具をゆずりうけた。多く同僚が被爆死したなかで、わずかに生き残りえて、戦後の消防力の強化に協力することができたことを感謝している。

つづいて、東本署の管轄下にある仁保出張所の記録をみてみることにしよう。

仁保出張所は爆心地の東南五、一〇〇mの遠隔地にあり、背後に黄金山が遮蔽となっていて、爆風による庁舎の窓ガラスが破損しただけで、たいした被害はなかった。この遠隔の地域に消防所がもうけられたのは、広島市内の消防よりも、猿猴《えんこう》川をへだてた郊外にある、安芸郡向洋町の東洋工業と船越町日本製鋼所の軍需産業施設をまもるという目的で設置されたものであった。したがって、市外の遠隔地にありながら、消防自動車三台、勤務人員二六名という、かなり大規模な施設であった。そのほか、呉市消防本部から車両三台が応援のために派遣されていた。

当時、仁保方面小隊長であった橋本義雄（三十四歳）の手記を要約してみよう。

八月六日午前七時三十分すぎ、空襲警報も解除され、隊員一同「ヤレヤレ」という感じで、ほっとした状況であった。八時から機械器具の点検にかかり、十分すぎだったか、東方よりの上空に、Ｂ29爆撃機二機が出張所の上空めがけて飛来するのを発見した。

「ありゃ、警報がとけとるのに、これはおかしいぞ！」と、わたしはとっさに大きな声でどなった。他の隊員もほとんど同時に口ばしった。だが、まもなくＢ29は西のほうに飛び去った。まさかそれが原爆を投下した主とはだれも思わなかった。

八時十五分すぎだったろうか。定期点検をおえ、隊員が解散しようとしたその瞬間、「ピカー」と異様な光りを発し、直後に「ドーン」という腹をゆさぶるような轟音がした。

わたしはその爆風で、ガラスの破片により左首に全治一〇日ばかりの負傷をしたが、他の隊員も同じていどの負傷はあったはずである。

これは友軍のなにかの爆弾が破裂したのか、あるいは比治山の弾薬庫が爆発したのではなかと思った。まさかそれが、爆撃などとはおもわなかった。まあなんでもよいから、とにかく軍需工場の防衛に行ってみようということで、まず東洋工業へ消防自動車で急行した。だが、工場のガラス窓はメチャクチャになっているが、倒壊した建物も負傷した従業員もいなかった。そこで比治山の弾薬庫へ向かうことにした。

大州町あたりまで来たとき、広島駅前方面に火災らしきものが発生しているのが認められた。

そこで仁保消防所に待機している二班、三班にも出動するように伝言して、かねてから緊急のばあいの連絡場所となっていた荒神橋へと直行した。荒神橋に到着してみると、（八時三十分すぎではなかったかと思う?）矢吹署長が制服の肩から下は大半もぎとられ、顔面は真っ黒く、顔の皮はちぎれてブラブラたれさがり、まるで仁王だちのごとく突っ立っておられた。

「署長！その姿はいったいぜんたいどうされたのですか……、とにかく治療されるように……この車で病院へでも……」というと、

「医者どころではない！　街の方をよく見てみろ、家なんかなにもありゃせんではないか。……なんでも、米機が大型爆弾を落としたらしい。市内は全滅だ！」

なるほど、吉島辺まで一望のかんじで、ただあぜんとして驚きの一瞬であつた。そのころから、あっちこっちで発煙があがりはじめていた。ちょうどそのころ、段原国民学校の先生があわただしく駆けつけてきて、

「学校の校舎がつぶれて、児童が三〇名くらい下敷きになっているから助けてくれ！」と叫んだ。

署長は大喝一声、「まず、段原国民学校へ急行せよ！」と命令された。

そこで、仁保出張所一班の六名が国民学校にかけつけたところ、校舎はどうにもならないほどの壊滅状態だった。ふと見ると、倒壊した講堂だったらしい建物の下敷きになって苦しんで

いる三年生くらいの女の子がいた。ともかく、三人でその梁をかつぎあげ、その子を救出することができた。

他の隊員は、付近の消火栓にとりついて防禦態勢をとっていた。ちょうどそのとき、二機の飛行機が猛烈な爆音をたてて上空に飛来してきた。わたしはとっさに、「危険だ、退避せよ!」とどなって、防空壕に退避させた。しばらくして爆音がやんだので、消火活動をつづけようとしたとき、もうれつな驟雨におそわれた（午前十時前後か）。そのころから火の手もつよくなりはじめて、消火活動はますます困難な状況となった。

ここから、段原国民学校教頭の赤川忠良の「原爆に想う」の手記から要約することにする。

「いつの間にか火の手は南校舎にも移り、防火壁をこえて職員室のほうへ移りそうになった。消防団は校庭の中央の消火栓にホースをとりつけ注水すると、めらめらと燃えていた火が黒煙にかわった。これなら消火できるとおもってほっとして、屋根のうえにあがって障害物を取りのぞける作業をつづけた。しばらくすると、B29の爆音がした。機影は見えなかったが、だれかの「敵機だ、退避!」という叫びによって、校庭の中央の待避壕に避難した。

いちおう消えかけていた火の手が放水の中止で、いちだんと激しくなり、南校舎の半分くらいまで燃えている。やがて職員室も燃え、北校舎に燃え移っている。消防隊はもう一本のホースをとりだし、他の消火栓にとりつけて、二本のホースで消火につとめたが、火勢はおとろえず、児童が下敷きなっている教室の近くまでちかづいた。だが熱くて想うように作業ができない。近くの防火用水で頭巾をぬらして救助をつづけたが、折りかさなった建築物はとうてい引き出すことはできなかった。そのとき一〇名ばかり、高等専門学校の生徒が援助に駆けつけてくれ、いっしょに最後の力をふりしぼったがどうすることもできなかった。

火勢はますますつのり、とうとう児童たちのいる教室に燃えうつり、さらに学校の東がわの煙草倉庫からも燃えてきて、もう運動場だけのこして周囲は火の海となった。もはやわたしたちの退散路も危険になった。ふと見ると、一本のホースが裏門の退散路に放水していて、火を遮断してくれていた。

もう駄目だ！児童が可哀想だが手のつけようがない。わたしは大声で、

「皆さん、ありがとうございました。みんないっしょに集まって、可哀想な児童たちのために黙祷してやってください！」といって、校庭の中央に十数人のものがあつまり、合掌して黙祷した。そして悲しみのために涙がとめどもなくながれおちた。それはわたしだけでなく、みんな泣いて炎をみつめた。……

ここからふたたび、仁保消防所の記録をみてみることにする。

「われわれも火におおわれるような危険におちいった。もはやこれまでと、不本意ながら涙をのんで合掌し、その場をたち去った。

その後、ひきつづいて、段原大畑町の専売倉庫（たばこ倉庫）および付近の町家の延焼防止に転戦したが、猛烈な火勢には必死の防禦活動も効果をあらわさなかった。それでも助けられるものは助けようと、隊員一同、朝からの空腹もわすれて活躍した。

（時、まさに午後三時ころ）、さしもの大畑町地区の火災も、他に延焼する危険がないという見通しがついたので、荒神橋へひっかえすことにした。だが、荒神町は猿猴《えんこう》橋町からの延焼で焼失し、愛宕町の踏切まで燃えていた。そこで愛宕町の浄光寺の広場を延長阻止線として消火活動を展開した。そこには広場があったので、消火作業も順調にすすみ、延長阻止の見通しがついた。また、この地区には仁保出張所の二班や矢賀出張所？の活動もあって、火勢はだいたいおさえられた。しかし、その直後、東蟹屋町藤野綿業が出火し、夜を徹して消火稼働をしつづけ、七日の朝をむかえた。

飲まず、喰わずの稼働に、隊員の疲労はきょくどにたっしていた。しかし、どうにか七日の朝をむかえ、西蟹屋町の広い草原にからだをなげたし、しばしの休息をとった。そのうち、矢吹署長からねんごろなねぎらいのことばと、それにそえて一杯のお酒をいただいた。それはなんとも言いがたい感激だった。

このとき、まず気にかかったのが本署の同僚のことだった。そこで矢吹署長の引率で東本署に行った。建物こそ残っていたが、署員は悲惨な状況で、無惨な姿を一人、二人と確認しながら重い足をはこんだ。だが、誰とも分からないようないたましい姿で、心から念仏を祈って次の行動にうつることになった。

三〇年もまえのことだが、いま想い出しても、ただ悲しみのみである。

これで東本署の概略をおわり、ついで西消防所本署に関連の記録を要約することにする。

西本署は爆心地から一、一〇〇m・大手町八丁目にあり、電車道をへだてて市役所があり、北四〇〇mには県庁、南には赤十字病院があるという、重要な消防署だった。だが、被爆と同時に、建物は全壊し、庁舎内部はすべて破壊され、職員も建物の下敷きとなった。隊員は裏庭で交代点検後の訓示をうけているとき被爆し、熱線をあびて、四方に吹きとばされた。

全壊した庁舎はやがて周辺より発生した火災により焼失した。また、下敷きとなった職員は焼死し、かろうじて脱出した者もほとんど重傷で、その後死亡したものも多く、殉職者は二八名になった。最後に助かった一〇名くらいの署員は一列にならんで、殉職した同僚に手をあわせて祈念していたが、あたり一面の火災のために熱風がふきつけ、南側の消火栓を出しっぱなしにして、互いに水をかけあって焼死をまぬがれた。

なお、山名行雄署長は二階の署長室で被爆し、階下に吹きとばされ、建物の下敷きになったが、さいわい署員に助けだされたが、右腹部を折れたたる木で貫通するほどの重傷をおっていた。しかし、強気な署長は重傷にもかかわらず、這いながら、庁舎南がわに指揮本部を設定して、隊員の指揮にあたった。それはまことに悲壮そのもので、

「どこへも行くな！　ここで全員戦死するのだ！」と苦痛にたえながら隊員を叱咤激励したということである。


ここで、西消防署の各地区の出張所を、爆心地に近いところから記録しておくことにする。
☆西警察署分遣隊（一五〇ｍ）　☆中島出張所（三〇〇ｍ）　☆十日市出張所（五〇〇ｍ）
☆市役所分遣隊（一、二〇〇ｍ）　☆観音出張所（一、二〇〇ｍ）　☆舟入出張所（一、三〇〇ｍ）
☆三篠出張所（一、五〇〇ｍ）　☆吉島出張所（二、二〇〇ｍ）　☆己斐出張所（二、六〇〇ｍ）
☆皆実出張所（三、〇〇〇ｍ）　☆南観音出張所（三、二〇〇ｍ）　☆江波出張所（四、三〇〇ｍ）
☆宇品出張所（四、五〇〇ｍ）　☆草津出張所（四、五〇〇ｍ）

以上、西消防本署は十四箇所の消防所を管理統合する広島市の重要な拠点であった。だが、爆心地から一、〇〇〇メートル以内の消防所はすべて全滅し、二、〇〇〇メートル以内の消防所も倒壊もしくは焼失し、隊員もほとんど重軽傷であり、消防ポンプも破壊していて、消火活動ができる状況ではなかった。

午前八時五十分ころ、西消防本署の近辺の土谷病院裏、公設市場、また明治橋付近から出火している。それが西南の風にあおられて、北東にむかって延焼していった。県庁も市役所も焼失し、午前九時半ころになると、南大橋の魚市場の飛火で、赤十字病院西側の民家が火災となり、千田町一丁目全町に延焼していった。こうした状況から、被災者の医療救護の救急病院であった、日赤病院にも危険がせまってきた。山名西消防署長はただちに伝令をだして、各消防所との連絡につとめた。やがて草津、己斐、江波の出張所をはじめ、皆実、宇品の出張所が道路障害の困難と苦闘しながら本署に到着して、千田町地区を死守したが、防禦がおよばず、わずかに赤十字病院の本館と正門右側の薬品庫だけは、翌朝の八時ころまで放水することによって、火災から守ることができたようである。

当時、草津出張所の前田正夫の手記「死闘」のなかから、日赤病院防禦の様子を紹介してみることにしよう。

「……西本署に到着してみると、庁舎は倒壊し、すでに猛煙をあげて炎上している最中だった。署長はどこかとみると、庁舎南側で負傷しながら指揮しておられた。草津出張所から到着しましたと報告すると、「ここはどうにもならん。日赤が危ないから、そこを防禦せよ！」という命令をくだされた。

さっそく日赤病院に急行し、構内にあった消火栓に部署した。病院内は被爆者でごったがえし、病院としてもうけいれ体制はじゅうぶんではなかった。被爆者もいったん構内に入ったが、また三々五々どこへともなく出て行く人々も多かった。

そうしたなかで、ホースを延長し、放水を開始した。被爆者の救援と救護のために、優先的に本館と正門右側にあった薬品庫を守るという目的で、主力をそこに注ぎ、翌朝の八時ころまで放水をつづけた。

午後三時ごろだったか、宇品出張所のポンプ車も加わり、重要であった薬品庫にはいっさい延焼させなかった。その薬品がどのように役立ったかはわからないが、死力をつくした行動は今でも誇りにおもっている。

長時間の放水で、当時の消防車はよくメタルを流して故障していたが、草津のフォードV8は優秀で、このような長時間の放水にもよく持ちこたえてくれた。だが、燃料の補給は持ちあわせのガソリンがないので、日赤の自衛消防隊が貯蔵していたガソリンを拝借して補給した。

消しても、消しても、迫りくる火勢はおとろえず、早朝よりなにも食べていないので、空腹はさらに疲労をましてきた。幸い、日赤構内のいっかくに芋畑があり、まだ実っていない親指ほどのサツマイモをほり、ころがっていたバケツにいれて焼き芋にして食べて、いくぶん元気をだしたものだったが、それにしも翌朝の八時ころまでよく消防活動をつづけたものだと、今でもおもう。

一夜明けて市内をみると、様子は一変していて、日赤より北部は焼け野原となっていた。午前十時ころ、西本署にひきかえし、暁部隊の兵隊といっしょに、本署で被爆死した職員を発掘して収容し、また一般市民の負傷者の手当にあたった。とくに死体の収容は、軍隊のトラックを使用し、多数の死体をつみこんで各所の焼火場に運んだ。

こんな作業を午後七時ころまでおこない、体はクタクタになり、ただ気力だけで動いているような状態で、「このままではどうにもならん、……なんとかせにゃぁ体がもたん」ということで、いったん己斐出張所にひきあげることになった。

住吉橋をわたって、五間道路にでて電車道をすすんだが、途中、釘でもひろったのか、前後四輪車ともパンクしてしまった。だが、消防車を捨てるわけにもいかず、ガタン・ゴトンと引きずりながら電車通りを北上し、焼けていない天満橋をわたって己斐にかえった。

天満橋の土手をかえる途中、羽田別荘のあった北側の焼けあとに、軍隊が死体を収容して火葬していたが、それは何百とも何千人ともわからないが、山のように積みかさねているのをみて、被害のぼうだいにあらためておどろいた。

また、天満橋のたもとであったとおもうが、乳飲み子をかかえた親子を見た。母親はすでに息たえており、赤ちゃんは母親の乳房にしがみつき、出ない乳を吸っている光景をみたとき、あまりにもむごたらしい思いにかられて、目をふさいだ。

こんないろいろな光景をみても、どうすることもできず、己斐出張所に到着したのは午後十一時ころで、八月七日もすでに終わろうとしており、二日二晩、不眠不休の連続の日々だった。午前零時ころ、はじめて米の飯と肉との食事を口にしたが、草津を出てからはじめての食事で、その美味しさはかくべつのものであった。……」

以上で、火災現象にたいする東西消防署の概要をおわって、広島市の被害状況について、昭和二十一年八月十日、広島市調査課の人的被害調査の発表を記載しておくことにする。

死亡者　一一八、六六一人　（三八％）
負傷者　七九、一三〇人　内訳…重傷者　三〇、五二四人
〃　…軽傷者　四八、六〇六人
生死不明者　三、六七七人

以上被害者合計　二〇一、四六八人（六三％）
八月六日の推定人口　二五五、二〇〇人として、無傷者　一一八、六一三人（三十七％）

家屋被害状況…昭和二十年十一月三十日、広島県警察部の発表。
全焼　五五、〇〇〇戸　全壊　六、八二〇戸
半焼　二、二九〇戸　半壊　三、七五〇戸
以上合計　六七、八六〇戸…被爆前の家屋七六、三二七戸の（九二％）に相当する。

消防職員の被害状況
東消防署職員　一六七名…即死　二四名　その後の死亡　一六名　合計（四〇名）
西消防署職員　二四六名…即死　二三名　々　三四名　合計（五七名）
呉消防署派遣隊　二三名…即死　七名　々　二名　合計（九名）
以上合計　四三六名…即死　五四名　々　五二名　合計（一〇六名）
（「原爆広島消防史」昭和五十年編による）

五　まぼろしの世界

これまでの記録は、わたしが十八歳のとき経験した出来事を、七〇年後にふりかえってみて思いだしたことである。なにも、こと新しいことではなく、すでに多くの本で紹介されていることである。ではなぜ、こうした記録を書こうという気になったのか。

実は、この記録を書いていて、広島にかぎらず、原子爆弾の爆発ということは、人間の知識の限界をこえた出来事であるということを感じたからである。すでに七〇年間、わたしは広島市についてはむろんのこと、原爆の被害と被爆者とについては、密接に接してきたと思っている。にもかかわらず、原爆の実体についてはまったく無智であった。

〝ヒロシマ〟という片仮名によって、広島の原爆投下の惨状は世界中の人々にもよく知られている。だが、それは知識としての認識であって、実体ではない。その点、わたしも同様に、原爆の爆発については、たんなる知識にすぎなかったと、今にして思いあたるのである。

原爆は現在、核兵器として語られている。それはいずれにしても、原子核の爆発力に関するものである。原子核は物質を構成する根源であり、いわば宇宙の存在にかかわる現象である。その爆発ということは、今日の世界をまぼろしの存在に還元するということになる。その学術的な解明は、いずれ世界で明らかになるだろうが、わたしは今、それを提言することで、この文章を終わることにする。

付記

その一『日本語の空間』おぼえ書き　１　は『安藝文学』八〇号二〇一一年刊より転載
その二『日本語の空間』おぼえ書き　２　は『安藝文学』八一号二〇一二年刊より転載
その三　原爆に関するおぼえ書き　１　は『安藝文学』八二号二〇一三年刊より転載
その四　原爆に関するおぼえ書き　２　は『安藝文学』八三号二〇一四年刊より転載
その五『日本語の空間』おぼえ書き　３　は『安藝文学』八五号二〇一六年刊より転載
その六『日本語の空間』おぼえ書き　４　は『安藝文学』八六号二〇一七年刊より転載

参考文献

『安藝文学79号』　二〇一一年
『安藝文学82号』　二〇一三年
「衣服は燃えて」香口真作『安藝文学76号』　二〇〇八年
『失われた九州王朝』古田武彦　ミネルヴァ書房　二〇一〇年
『原爆体験記』広島市民生局社会教育課編　広島平和協会　一九五〇年
『原爆体験記』広島市原爆体験記刊行会編　朝日新聞社　一九六五年
『原爆爆心地』志水　清　日本放送協会　一九六九年
『原爆広島消防史』　広島市消防局原爆広島消防史編集委員会編　広島市消防協会　一九七五年
『考古学・人類学・言語学との対話　日本語はどこからきたのか』大野　晋・金関　恕編　岩波書店　二〇〇六年
『この世界の片隅で』山代　巴編　岩波新書　一九六五年
『縄文の豊かさと限界（日本史リブレット２）』今村啓爾　山川出版社　二〇〇二年

『昭和史・戦後篇』 半藤一利 平凡社 二〇〇六年
『長く険しい道 原爆より終戦へ』 ジョセフ・L・マークス著 越智道雄訳 文化評論出版 一九七二年
『ナガサキ―忘れられた原爆』 フランク・W・チンノック著 小山内宏訳 新人物往来社 一九七一年
『日本語起源論―基層として南島語の位置づけ』 黒崎 久 牧野出版 一九七七年
『日本語の空間 上』 文沢隆一 溪水社 二〇〇七年
『日本語の成立』 安本美典 講談社現代新書 一九七八年
『日本語の歴史1 民族とことばの誕生』 亀井 孝・大藤時彦・山田俊雄編 平凡社 二〇〇六年
『日本宗教事典』 村上重良 講談社学術文庫 一九八八年
『早わかりアメリカ』 池田 智・松本利明編 日本実業出版社 二〇〇〇年
『広島原爆戦災誌』 広島市役所編 広島市役所 一九七一年
『広島 昭和二十年』 大佐古一郎 中央公論社 一九七五年
『ヒロシマ日記』 蜂谷道彦 平和文庫 二〇一〇年
『ヒロシマの歩んだ道』 文沢隆一 風媒社 一九九六年

『広島・長崎の原爆災害』広島市・長崎市原爆災害誌編集委員会編　岩波書店　一九七九年
『モンゴロイドの地球【3】日本人のなりたち』百々幸雄　東京大学出版　一九九五年
『邪馬台国がみえてきた』武光　誠　ちくま新書　二〇〇〇年
『私はヒロシマ、ナガサキに原爆を投下した』チャールズ・W・スウィニー著　黒田　剛　訳　原書房　二〇〇〇年
『Ｎｅｗｔｏｎ　２０１０年10月号』ニュートンプレス　二〇一〇年
『Ｎｅｗｔｏｎ　２０１１年６月号』ニュートンプレス　二〇一一年
『Ｎｅｗｔｏｎ　２０１１年７月号』ニュートンプレス　二〇一一年
『Ｎｅｗｔｏｎ　２０１３年10月号』ニュートンプレス　二〇一三年

著者略歴

文沢　隆一（ふみさわ　りゅういち）本名　増本　勳一

1928年　広島県山県郡川迫村字川戸に生まれる。
1957年　東京大学哲学科卒。
1960年　『安藝文学』同人となり、現在にいたる。
1963年　『群像』新人賞受賞。

著作
1965年　『この世界の片隅で』共著
1969年　『ヒロシマの証言』共著
1970年　『(八月六日）を描く』共著
1970年　『原爆被災資料総目録』第二集編集
1972年　『原爆被災資料総目録』第三集編集長
1974年　『ヒロシマを語る十冊の本』
1992年　『鷗外をめぐる女たち』
1996年　『ヒロシマの歩んだ道』
2007年　『日本語の空間』上巻
2007年　『日本語の空間』中巻
2010年　『日本語の空間』下巻
2015年　選集・『安藝文学・第一集』小説の部―「武一正伝」

歳とともに歩んで

平成29年11月10日　発　行

著　者　文沢　隆一
発行所　株式会社　溪水社
広島市中区小町 1-4（〒730-0041）
電　話（082）246-7909
ＦＡＸ（082）246-7876
E-mail：info@keisui.co.jp

ISBN978-4-86327-411-2　C1095